LES MONSTRES DE MA VIE

LES MONSTRES DE MA VIE

FIDJI GIBERT
AVEC FRÉDÉRIC VEILLE

City
Poche

ISBN : 978-2-8246-1970-5
Code Hachette : 82 4113 7

Collection dirigée par Christian English & Frédéric Thibaud.
Catalogue et manuscrits : city-editions.com

Dépôt légal : Novembre 2021

À maman

La femme que je ne suis pas vraiment

Cela fait déjà plus d'une heure que les quatre projecteurs parapluie blanc argent me chauffent la peau. Cela fait déjà plus d'une heure que Corinne me fait prendre la pose, qu'elle me dirige, me conseille. De sa voix douce, de ses recommandations bienveillantes, elle fait de moi ce qu'elle veut, tant que j'accepte.

J'adore être ainsi. J'adore qu'on me bichonne, qu'on prenne soin de moi, qu'on soit attentionné. Et même si parfois, je reste immobile pendant des heures ou que j'enchaîne les poses, j'aime ce que je fais. D'autant qu'aujourd'hui, tout va bien. Nous sommes en studio. Alors pas de soucis de chaleur, de transpiration, de petites gouttes de sueur qui perlent sur mon visage et qu'il faut essuyer, pas de maquillage qui coule. Pas de contraintes liées au froid non plus avec une chair de poule qui apparaît subitement sur la peau, un visage qui se fige, un corps qui tremble. Cela arrive souvent quand nous sommes à l'extérieur.

Ce fut le cas il y a quelques semaines, quand, pour un portraitiste, j'ai dû prendre la pose dans une rivière normande à l'heure où les gens partent au travail. Mais en ce mois de mars, si la lumière extérieure était parfaite, nous étions loin des températures estivales. Oui ! Il faisait froid. Très froid même avec en prime un petit vent glacial qui faisait virevolter les feuilles des arbres. Il m'a fallu endurer tout cela, pendant près de trois heures, ne prenant que quelques pauses pendant lesquelles je me suis réfugiée sous une énorme couverture pour me réchauffer avec un café brûlant. Mais malgré tout, j'ai assuré, m'a-t-on dit. J'ai assuré et je n'ai pas renoncé parce que j'adore ce que je fais. Je ne sais pas combien de temps ça va durer, mais je prends un réel plaisir à prendre la pose pour les photographes.

Malgré mon jeune âge, cela fait déjà plusieurs années que poser est une passion, que vouloir devenir mannequin photo est une évidence. Aujourd'hui, les séances de shooting sont de plus en plus nombreuses. Beaucoup de photographes, d'agences me font confiance. Je suis de plus en plus sollicitée. Mon « carnet de commandes » se remplit. Je gère tout cela avec bonheur car j'espère un jour prochain en faire mon métier. Ce beau métier peu connu du grand public, ce beau métier où, contrairement à ce que beaucoup pensent, le modèle n'est pas qu'une potiche écervelée.

Moi, je suis libre. Libre de choisir, libre de penser, libre de décider. Libre de refuser. Je décide seule pour qui je pose, dans quelles conditions je pose, pourquoi je pose. J'appelle cela être libre.

Quand j'ai commencé, avec des amis amateurs, je ne savais pas qu'un jour, de nombreux photographes allaient me scruter du regard, allaient faire de moi la femme que je ne suis pas vraiment. Car la Fidji des photos n'est pas tout à fait celle de la vie de tous les jours.

Il ne faut jamais se fier aux apparences. Il ne faut jamais juger les gens sur une image, sur une posture. Jouer ce jeu, être mitraillée par les objectifs est aussi pour moi une façon de cacher certaines blessures du passé, encore si présentes dans mon esprit. Elles ne s'effaceront peut-être jamais mais après tout, tant mieux. Elles me permettent d'être celle que je suis aujourd'hui. Celle qui est fière d'être devenue enfin libre et heureuse.

Et cela, je le dois en partie à mon amour de petite fille. Ma beauté, mon cœur, ma Johanna. Trois ans et un sourire ravageur à faire fondre toutes les mamans du monde. J'ai hâte de la retrouver une fois le travail terminé. En attendant, il faut finir la séance du jour. Nathalie vient de me remettre un coup de blush, elle refait mes boucles. Je réajuste mon slim, remets la bretelle de mon petit haut blanc en satin. Le temps de la pose, je me glisse dans la peau d'une femme fatale comme le fait Jade qui partage cette prise. Elle est grande et brune, je suis plus petite qu'elle et je suis blonde. Le contraste est saisissant mais la mise en scène est voulue. C'est à partir de ces clichés que nous allons être jugées pour participer dans les semaines à venir à l'enregistrement d'un clip publicitaire pour une marque de yachts.

Du luxe, des strass, des paillettes. Tout le contraire de mon univers. Car ma vie, une fois que messieurs Nikon et Canon ont appuyé sur le bouton « off », est à des années-lumière de cela. Moi, une fois rhabillée, c'est au pas de course que je file vers l'école maternelle pour récupérer Johanna. Elle est en petite section. Tout le trajet, je ne pense qu'à elle, à ce qu'elle a dû faire dans la journée, à ce qu'elle a mangé à la cantine le midi.

Quand j'arrive devant l'école, d'autres parents sont déjà là. Au début de l'année scolaire, beaucoup me dévisageaient. Certains devaient même penser que j'étais la petite nounou qui vient chercher un enfant pour la ramener chez lui. Quelques mères me dévisagent, regardent ma coiffure, mes tatouages… mon look. Je n'en ai que faire. Je vois bien que, maintenant que tout le monde sait que la petite qui repart avec moi de l'école est ma fille, les regards sont différents. Ces regards, ces paroles non dites qui me jugent. Je les entends dire que je suis bien jeune pour être mère. Mais cela aussi, je n'en ai que faire.

Oui, j'ai été mère à dix-sept ans. Et alors ? Ce n'est pas parce qu'on est une jeune maman qu'on n'assume pas. Sur ce point, je pense que je peux, malgré mon âge, donner des leçons à certains et certaines qui ne s'occupent pas de leur enfant. Je sais de quoi je cause.

Alors je fais comme tous les jours. J'attends que la porte de la barrière s'ouvre et je file chercher Johanna dans sa classe. Une porte, un couloir. Elle est assise tranquillement au fond de la classe et elle attend bien sagement que ce soit à elle de se lever. Car c'est une consigne de la maîtresse, adepte de la discipline : c'est chacun son tour. La voilà donc qui patiente pendant que je fais la queue. Son regard s'illumine dès lors qu'elle me voit. Elle me fait un petit signe de la main, je lui réponds. Vient alors le moment tant attendu. Elle se lève, prend son petit cartable, trébuche mais se rattrape et fonce vers moi. Je me baisse, elle saute dans mes bras en criant : « Maman ! » C'est le bonheur. C'est mon bonheur.

Johanna est pleine de vie. C'est aussi un petit boute-en-train qui ne se fatigue jamais. Et comme son côté petite teigne, son caractère espiègle est toujours bien présent, la voilà qui plonge sa main dans mon sac pour trouver ce qu'elle cherche : une petite barre de chocolat. Sur le chemin du retour, c'est toujours le même rituel. On parle de sa journée, des dessins, des coloriages, des collages, des bêtises qu'elle a faites avec sa copine Maya. Mais à chaque fois, tous les jours, je mets un point d'honneur à commencer par cette même question : « Comment ça s'est passé avec les copains et les copines ? Et avec la maîtresse ? » Je veux tout savoir. Je veux m'assurer que tout va bien.

Je ne veux surtout pas qu'elle vive ce que j'ai vécu, enfant, à l'école. Je ne le souhaite à personne et surtout pas à mon amour de petite fille. C'est pour cela que j'ai décidé d'écrire un livre. Écrire, témoigner à la société, montrer qu'à n'importe quel âge, les maux de l'enfance ne sont pas à prendre à la légère. Que derrière une larme, une cicatrice, se cache une forme de souffrance bien plus néfaste, bien plus sournoise que ce que l'on pense.

J'ai subi durant dix-sept années de ma vie des carences psychologiques qui ont failli m'être fatales. Rescapée du harcèlement à l'école, de la maltraitance et des coups répétés de mon père, de la violence morale de mon frère, du viol, de la discrimination, de l'injustice de notre société, j'ai décidé aujourd'hui de parler, pour m'aider à mieux vivre, mais surtout pour aider ceux qui, comme moi, ont souffert dans leur jeunesse. Car malgré les appels au secours, personne n'a entendu mes cris.

Plus jamais personne ne doit fermer les yeux sur ce qu'il se passe réellement derrière les murs des écoles. Tout le monde doit savoir ce que c'est que d'être sous l'emprise de pervers narcissiques qui, souvent, se trouvent au domicile familial ou conjugal.

Je n'ai que vingt ans et j'ai choisi de vous raconter mon histoire et de prouver à beaucoup, et notamment à ceux qui ont voulu me détruire, que je suis toujours là, debout, fière et toujours plus combative. Car si ma vie aujourd'hui est belle auprès de ma fille adorée, je ne le dois qu'à moi, à mon caractère combatif et à ma farouche volonté de me sortir de cette prison dans laquelle on a voulu me faire grandir.

Ceci est mon histoire, une histoire vraie.

1

Premiers harcèlements

Vingt ans, une vingtième année encore en vie. Pourtant, je n'ai pas vu les années, les saisons, le temps, le vide passer. Petite fille de province née au début de l'euro, sous le signe de la rupture de ses parents, je n'ai aucun souvenir de ce moment de mon enfance. J'ai juste su que ma naissance n'était pas désirée. Devons-nous nous plier aux règles que nous inflige la religion ? Le poisson le vendredi, pas de relations sexuelles avant le mariage, ni d'avortement en cas de grossesse. Ma mère avait-elle vraiment l'obligation de me garder dans son ventre malgré le désaccord de mon père ? Était-elle prête à assumer un enfant de plus malgré les dettes et la dépression ?

Était-elle prête à souffrir le martyre une fois de plus pour, à nouveau, abandonner l'enfant qu'elle aurait porté durant neuf mois ? Dans tous les cas, ma venue au monde n'était pas attendue avec joie. Maison après maison, j'ai zigzagué un peu auprès de chaque membre de ma famille. Mes tantes ont accepté de me prendre en charge alors que j'étais nourrisson, en attendant que la crise financière de mes parents se résorbe.

Qui aurait cru que derrière ce mensonge se cachait un début de guerre entre eux, une guerre dont il ne resterait qu'un survivant ? J'ai d'abord été hébergée à Troyes, chez ma tante Oirda. Une souffrance dont je n'ai pas mémoire. On m'a juste dit qu'à mes trois mois, j'étais entre la vie et la mort car je portais des vers dans mes intestins. Jeune nouveau-née jamais nourrie, jamais changée, passant ses journées dans un lit à barreaux installé au milieu d'une pièce fermée, humide, froide, sans meubles, sans lumière, sans vie.

Mon seul confort chez ma tante était ce petit matelas pour bébé, taché, jamais entretenu, sans draps. Il paraît que j'étais vêtue d'un simple body qui me réchauffait un peu, malgré la froideur de la chambre. Était-ce le début de l'histoire d'une vie de souffrance et d'instabilité ?

Mon père commençait déjà à me montrer sa colère à cause de ma venue au monde. Mais qu'avais-je fait pour mériter un tel traitement ? Si jeune, si frêle, si innocente. Est-ce que c'était pour se venger de ma mère qui venait de m'amener la vie sur terre ? Ou bien le fait que j'étais le portrait craché de Fatima Zohra Krache, ma maternelle ?

Un jour, mon père est venu me chercher chez Oirda. Mais ce n'était pas pour que je vienne vivre avec lui et mon frère. C'était juste pour m'amener chez sa sœur, ma tante. Puis quelque temps après, je fus confiée à mon oncle Frédéric chez qui j'ai passé quelques mois. Mon frère aussi était là, ainsi que Johan, mon demi-frère.

Deux années se sont écoulées depuis ma naissance non désirée. Deux ans pendant lesquels j'ai enfin appris à marcher après cette interminable maltraitance postnatale. Puis je suis retournée brièvement chez ma mère. Bref passage puisque le divorce de mes parents fut acté. La garde des enfants fut alors accordée à mon père qui trouva un appartement situé dans le quartier du chemin vert, à Caen.

Le 6, allée des tourterelles. Ce fut ma première adresse fixe.

J'étais enfin dans un vrai foyer familial, un foyer composé de mon père qui assumait seul trois enfants malgré un lourd handicap au pied et au cœur. Il y avait mon frère Brice et mon demi-frère Johan. Nous pouvions enfin vivre une vraie vie de famille, comme toutes les autres.

Notre père a toujours fait en sorte que nous ne manquions de rien. Je pense même que ce trop de « matériel » offert par notre géniteur était sa façon à lui de nous faire oublier notre mère. Mais le matériel est-il suffisant pour combler le cœur de trois jeunes enfants privés de leur mère ? Je ne pense pas ! Des jouets, des livres, des ordinateurs, des sorties familiales… Il me manquait quelque chose, quelque chose de bien plus important, de bien plus beau que le matériel : l'amour d'une mère.

Fille unique de mon père, je tenais durant cette période de mon enfance à être la fierté de mon géniteur. Cadette d'une fratrie, je tenais à rester sa « chouchoute ». Petite fille sage, bonne élève à l'école, bosseuse, ambitieuse, plutôt garçon manqué. Durant ces années, j'ai passé mes journées à lire, à écouter, à apprendre les chansons que j'appréciais. J'ai aussi beaucoup dansé, beaucoup joué aux jeux vidéo de notre génération et consommé, un peu à outrance, la télé.

Vous vous demanderez sûrement pourquoi cette petite fille n'est pas allée jouer dehors avec ses copines ? Eh bien tout simplement parce que je n'avais pas de copines. Je n'en éprouvais pas le besoin. J'étais un garçon manqué. Et l'environnement dans lequel je vivais ne me poussait pas non plus à sortir. Le quartier n'était pas réputé pour sa tranquillité et dans la cage d'escalier de l'immeuble régnait la terreur. Squattée jour et nuit par les délinquants de la cité qui passaient leur temps à consommer des produits stupéfiants arme à la ceinture, elle ne me donnait pas envie de quitter l'appartement. Trop de locataires s'étaient fait voler leurs affaires et parfois même agresser par ces individus peu recommandables.

Alors je restais dans l'appartement, sans copine avec qui jouer. Qui aurait voulu de moi de toute façon, puisque je ne ressemblais à rien avec mes chaussures de sport à bas prix, mes jeans pattes d'éléphant et ma coiffure au bol ? Une coupe au bol qui, selon mon père, était censée faire ressortir mes boucles d'oreilles en or. Coupe inutile car je perdais toujours les bijoux qu'il m'offrait. Pourquoi offrir des bijoux en or à une enfant qui n'a pas la notion de la valeur d'un objet ? Mais pire encore, pourquoi m'avoir frappée à chaque fois que je perdais ses boucles d'oreilles qui, à mes yeux, n'avaient aucun intérêt ?

J'aurais tant aimé que mon père passe plus de temps avec moi pour faire les boutiques, pour que je choisisse des vêtements de fille, des choses plus féminines. Car cette bêtise de vouloir, par négligence, me vêtir comme mes frères et ainsi faire des économies a eu beaucoup de conséquences néfastes. J'étais pourtant une petite fille discrète, sérieuse, première de la classe. Mais ses œillères et son farouche besoin que je l'écoute m'ont amenée à développer mon premier trouble physiologique et psychologique : l'encoprésie.

Je n'avais que quatre ans. Et pourtant je m'en souviens comme si c'était hier. J'étais à la maternelle. Solitaire, je passais mes journées à l'école, seule dans mon coin. Je jouais souvent avec une magnifique trottinette qui était dans la cour. Avec elle, je me sentais conquérir le monde. Je m'inventais des voyages dans un univers merveilleux. J'aimais aussi observer les autres enfants qui jouaient ensemble. Il y avait des rires de joie, du bonheur sur leur visage. Je n'osais pas aller vers ces êtres qui me paraissaient si différents de moi. N'ayant jamais découvert le monde jusqu'à mes un an et demi, j'avais peur de ces enfants.

J'étais aussi très angoissée quand un adulte ou un enfant venait vers moi. Alors souvent, très souvent, je restais assise sur ma trottinette. On m'a expliqué bien plus tard que ces angoisses étaient dues à la maltraitance que j'ai vécue chez ceux qui m'ont hébergée quand j'étais bébé. Hébergée, à dire vrai, le mot n'est pas celui que je devrais utiliser tant j'étais traitée comme un animal sauvage.

Assise sur ma trottinette, j'observais donc les enfants, certainement un peu jalouse de leur bonheur. J'en oubliais même d'aller à la selle tant il m'était impensable de quitter ma trottinette. Alors je me forçais à faire mes besoins dans mes propres sous-vêtements. La honte s'est abattue sur moi le jour où je suis repartie avec mon père, le sac à la main, rempli de mes vêtements pleins de selles. J'avais honte, mais je continuais de trouver cela normal. Mon premier trouble comportemental était là, mais pas un professionnel du monde scolaire ne s'en est rendu compte.

Je savais que j'étais différente des autres enfants du même âge. En effet, quand je chutais au sol, je ne pleurais pas. J'observais mes mains marquées par les graviers et la terre, et je continuais à jouer sans m'en préoccuper. Quand mes genoux étaient en sang, je ne voyais aucune utilité de me soigner pour si peu. Quand les autres enfants tombaient, eux, ils pleuraient. Et il fallait que quelqu'un accoure pour qu'ils soient consolés. Pourquoi faire toute une histoire à cause d'un si petit bobo ? Pourquoi les autres enfants avaient-ils tellement besoin de l'affection des adultes pour se sentir rassurés ? Je trouvais étonnant ce comportement.

Étais-je anormale ? Ou bien ai-je vécu dans un monde parallèle à ces petits êtres ? À cette période de mon enfance, la solitude ne me gênait pas. Je découvrais le monde. Curieuse de nature, tout ce que je voyais m'intéressait. Mais je n'étais pas assez intéressante pour découvrir une valeur importante à l'éducation d'un jeune enfant : la socialisation.

Je revois les enfants s'asseoir à l'heure du goûter autour des tables rondes pour prendre la petite collation tous ensemble. Je ne savais trop quoi faire.

Où m'asseoir ? Où me positionner devant ces êtres embellis par l'innocence ? J'étais assise, mon bout de pain beurré accompagné d'un morceau de chocolat. Devant moi, des enfants à qui je n'avais jamais adressé la parole. Je n'osais pas leur parler. Ils étaient tellement heureux de partager le goûter. Un jour, je me souviens avoir baissé la tête, mis mon goûter de côté, et avoir versé des larmes en toute discrétion. Que m'était-il arrivé ce jour-là ? Cela restera à jamais un mystère…

Mes journées à l'école maternelle se composaient de solitude et de la découverte du plaisir d'apprendre.

En dehors de l'école, mes frères et moi avions un rythme assez soutenu que notre père tenait à conserver. Encore une fois, il voulait en faire trop afin de ne pas nous faire passer pour la fratrie malheureuse de ne pas avoir de mère et pour montrer à tous que nous étions des enfants comme les autres. Nos semaines étaient donc chargées. J'ai commencé le judo à quatre ans. Nous y allions le lundi soir, le mercredi soir et le vendredi. Cette année-là, je jouais souvent aux dames avec mon demi-frère. Mon père me proposa alors un nouveau jeu : les échecs. Un jeu de concentration qui m'a tout de suite plu. Mes frères, intrigués, voulaient aussi apprendre. Alors mon père nous inscrivit tous dans un club d'échecs. Nous nous entraînions le mercredi après-midi avec des professionnels et d'autres enfants plus âgés que moi.

Le week-end, c'était bibliothèque le samedi matin, compétitions d'échecs ou de judo l'après-midi. Le dimanche matin, nous lisions les livres empruntés à la bibliothèque et l'après-midi, nous avions piscine. Un rythme que je devais tenir. Là encore, je n'avais qu'un objectif : être la fierté de mon père. Je savais que, si je répondais à toutes ses attentes, il continuerait de m'aimer comme un père. Grosse erreur.

Cette pression de la réussite s'est poursuivie lorsque j'ai accédé aux classes élémentaires. Une fois de plus, découverte d'un nouvel univers. Tous les matins, notre père nous levait tôt pour nous amener à l'école. Nous avions nos habitudes, celles d'écouter la radio en voiture, puis, quelques dizaines de mètres avant d'arriver, il nous autorisait à tourner le volant de sa 407. C'était tous les matins le même rituel. Des petits plaisirs simples.

À six ans, j'ai goûté un nouveau bonheur : des filles plus âgées que moi, en dernière année de classe élémentaire, m'acceptèrent dans leur petit trio. Elles étaient si belles, si grandes. J'étais impressionnée et ravie de faire partie d'un groupe, que des enfants s'intéressent enfin à moi, moi, la petite fille discrète, cachée de tous et de toutes. Toute l'année, j'ai savouré mes premières joies d'enfance, pu faire de la corde à sauter, danser et chanter avec les autres. Mais toutes les bonnes choses ont une fin. L'année se terminant, je me retrouvais à nouveau seule, sans repères.

Survint un nouveau trouble, bien plus important que le précédent : le trouble alimentaire. Il apparut dès l'année scolaire suivante.

Tout devenait si fade à mes petits yeux noisette. Les regards des autres étaient malsains. Je me sentais exclue. Je n'aimais pas leurs jugements sur mes vêtements, ma coiffure coupe au bol, mon gros ventre. Et pour ne rien arranger, je n'avais toujours pas mes règles, comme certaines camarades de la classe. Et que dire de ma « poitrine » quasi inexistante comparée à celles de certaines filles déjà bien formées ?

Souvent, on me faisait remarquer que j'étais un garçon manqué, que mon père souffrait de handicap. À la cantine, j'étais dans mon coin. Lorsque nous attendions devant les portes, je me mettais près de la haie limitant la maternelle et l'élémentaire. Les autres élèves attendaient autour de moi en discutant avec leurs copains de classe. Personne ne m'adressait la parole. Devant moi, il y avait souvent une grande fille métisse aux longs cheveux frisés. Elle était grande, rebelle. Elle faisait partie de ces élèves des dernières classes élémentaires, ces grands qui font la loi dans la cour de récréation. Ces grands qui font peur aux plus petits pour leur prendre leur goûter.

Avec moi, ça ne marchait pas car je faisais partie des rares élèves qui n'en avaient pas. Alors cette fille-là, entourée d'autres, trouvait d'autres solutions pour m'embêter. Souvent, très souvent quand j'attendais de pouvoir entrer dans la cantine, elles passaient à côté de moi et me poussaient dans la haie. Je trébuchais. Je tombais. Je me relevais mouillée quand la pluie avait arrosé les troènes, griffée quand les petites brindilles éraflaient ma peau. Et les autres enfants rigolaient. Que c'était drôle ! Alors je baissais la tête et avançais désespérément vers la cantine, sans un mot. Quelquefois aussi, voyant que la première blague avait bien fonctionné, elles me faisaient des croche-pieds, m'insultaient. Résultat : de nouveaux rires, de nouveaux cris dans mon dos.

Mais le calvaire de l'avant-déjeuner n'était pas fini. Une fois entrée, je devais trouver une place à table parmi tous ces élèves pour être le plus loin possible de ce petit groupe. Mon seul repère, mon frère ! J'essayais de me mettre le plus souvent possible à sa table afin de me sentir moins seule. Mais ce dernier n'était pas du même avis. Et souvent, trop souvent, il ne m'acceptait pas à sa table. Alors je m'asseyais là où je pouvais, je baissais la tête dans mon assiette, en espérant que personne ne vienne plonger mon visage dans son contenu.

Un jour, je me souviens être, sur ordre d'un professeur, arrivée à une table de « grands ». Avec ma petite taille, j'ai le souvenir de m'être recroquevillée sur ma chaise, d'avoir baissé les épaules, la tête, afin de ne pas être accostée. Et j'ai osé lever la tête légèrement vers un garçon qui était face à moi.

— T'es une fille ou un garçon ?

Tous se sont mis à rigoler. C'en était trop. Je voulais m'enfuir, partir loin, loin de ces enfants malsains. Les larmes coulaient sur mon visage. Des larmes que je voulais discrètes, car elles étaient dangereuses. Elles étaient amères mais assez cachées pour que les autres ne les voient pas. Des brimades de l'entrée jusqu'à cette remarque déplacée et blessante, je n'en pouvais plus. Ce jour-là, après un repas que je n'ai pas réussi à avaler, j'ai passé mon temps de récréation cachée dans les toilettes. Ce fut le commencement d'un combat contre ma perte, ma chute aux enfers.

Pour échapper aux moqueries, aux insultes, aux croche-pieds, je me suis mise à courir dès lors que je devais me déplacer dans la cour de l'école. Mais on me suivait, on se moquait toujours. Alors je passais beaucoup de temps réfugiée dans les toilettes, pour me cacher. Mais les filles me pistaient et tapaient dans la porte. Apeurée, assise sur les toilettes, recroquevillée, je mettais souvent les mains sur mes oreilles pour m'isoler, pour tenter de ne rien percevoir. Mais les coups sur la porte la faisaient bouger. J'avais si peur qu'elle cède. C'était interminable. À coups de pied, de poing, de sac, elles tapaient. Puis elles m'insultaient, rigolaient, jetaient par-dessus la porte tout ce qu'elles avaient sous la main, glissaient des dessins de tête de mort sous l'entrebâillement. Elles en vinrent même jusqu'à uriner sur mon manteau quand je le posais au sol.

Prostrée, tétanisée, j'étais en larmes. Mon corps tremblait. J'étais dans l'incapacité totale de faire mes besoins tant je n'osais retirer mon pantalon et ma culotte, de peur qu'elles n'arrivent à ouvrir la porte et qu'elles me voient ainsi. J'étais en pleurs mais personne ne devait l'entendre.

Heureusement, un jour où la violence des coups dans la porte et les insultes étaient plus insistantes qu'à l'accoutumée, la surveillante entra dans les toilettes :

— Sortez les filles, les toilettes ne sont pas une cour de récréation !

J'étais sauvée.

Mais je les entendais encore. Elles continuaient de rigoler tout en sortant.

— Où est Fidji d'ailleurs ? leur demanda la surveillante.

— On ne sait pas.

Les filles et elle sortirent des toilettes comme si de rien n'était. Moi, revenue à la vie, je reprenais ma respiration, séchais mes larmes, frottais mes yeux et sortis des toilettes en attendant la fin de la récréation pour retourner en classe.

En rentrant le soir à l'appartement, je me souviens avoir tenté d'en parler à mon père.

— Papa, il y a plusieurs filles qui ne cessent de m'embêter dans la cour de l'école. C'est tous les jours. Je n'en peux plus. Elles m'ont...

— ...

Aucune réaction de sa part. Il était resté muet sur son siège, trop intéressé à scruter la moindre actualité sur son ordinateur.

Je n'ai donc pas insisté. J'avais compris, à son attitude, que je l'embêtais avec mes histoires. Sa seule réflexion survenue un peu plus tard, lorsque nous sommes passés à table et que j'ai à nouveau tenté de lui dire ce que je subissais, fut de me dire que je n'étais qu'une fille à soucis et que j'étais responsable de mes problèmes.

J'ai donc passé ma scolarité en classe élémentaire réfugiée dans mon monde. Et quand arrivait l'heure de la récré, j'allais dans ce petit coin qui était caché des autres élèves et de leurs moqueries. Assise sur une pierre, j'écrivais au sol à l'aide d'un caillou mes maux cachés, les mots que je ne pouvais pas dire. Je passais mes récréations à me cacher dans les toilettes ou à m'asseoir sur cette pierre, m'imaginant un monde meilleur, essayant parfois même d'escalader le haut grillage vert pour m'enfuir de l'école.

En grandissant je me suis vite aperçue que l'école n'était pas le seul lieu où l'on me harcelait.

J'avais huit ans.

Oui, c'est à huit ans que j'ai compris que la cohabitation avec mes frères allait devenir de plus en plus compliquée. C'est à mes huit ans que mon père commença à me maltraiter quand un soir, je refusai, contrairement à ce qu'il nous ordonnait, d'aller prendre ma douche avec mes frères. Près de ses économies et partant du principe que prendre une douche à trois coûtait moins cher que prendre trois douches séparées, il se mit dans une colère noire face à cette « rébellion » d'une petite fille de huit ans qui ne supportait plus de partager son intimité avec le reste de la fratrie.

Alors, les yeux révulsés de colère, le regard perçant, il me força à me dénuder sous ses yeux en me criant dessus, pour me jeter dans la cage d'escalier, nue, à la vue de tous.

J'ai passé plusieurs heures sur le palier.

J'ai pleuré toutes les larmes jusqu'à les épuiser.

J'ai prié pour que personne ne me voie ainsi.

Je l'ai maudit.

Je l'ai détesté.

2

Les années de la haine

Quelques années plus tard, c'est avec un immense bonheur que j'ai réussi mon examen d'entrée au collège. Je n'avais plus affaire à mes harceleuses et pouvais enfin évoluer dans de bonnes conditions scolaires. Je venais de franchir une étape oppressante. Je ne pouvais qu'être soulagée maintenant.

L'automne approchait. Le vent frais touchait ma peau fine. C'est avec mon sac sur le dos que je me dirigeais timidement vers ce bâtiment que je trouvais immense. En pénétrant à l'intérieur, j'avais peur de me perdre. Revenaient mes éternels questionnements : Comment saurais-je faire face à ces nouveaux élèves ? Allaient-ils m'accepter ? C'est avec angoisse que je me dirigeais vers le hall d'entrée. À mon goût, il y avait beaucoup trop d'élèves, du plus grand au plus petit, du plus fin au plus enveloppé. Des élèves souvent plus âgés que moi. Je me sentais comme une souris auprès de chats.

Je suis tout de même parvenue à me hisser avec difficulté parmi la foule jusqu'aux affiches pour voir mon nom : « Fidji GIBERT, 6e Théâtre ». Passionnée de comédie, d'humour et de théâtre, j'étais très heureuse de pouvoir étudier et pratiquer le théâtre en même temps. Mon frère Brice avait déjà fait une année dans ce collège public, je me sentais un peu rassurée à l'idée de le suivre.

En entrant dans ma classe, je n'ai su où m'asseoir. Cette salle, celle dans laquelle j'allais passer le plus d'heures, était bien fade. Des affiches, des dessins, un tableau avec marqueurs ; nous allions être une vingtaine d'élèves dans vingt mètres carrés. C'était une pièce étroite pour autant d'élèves insouciants.

C'était le premier jour, le grand jour de la rentrée. Et ce jour-là, j'ai tout de suite su que cette année ne serait pas si simple. Notre professeure principale n'était pas très heureuse de ma présence dans sa classe. Qu'avais-je fait ce jour-là pour qu'elle me regarde avec autant de haine ? Mon frère l'avait déjà eue l'année précédente. Allait-elle, parce que je m'appelle Gibert, me faire payer les bêtises et la mauvaise scolarité de Brice ?

J'ai tenté de passer outre car j'avais remarqué une jeune fille aux cheveux roux, avec de jolies taches de rousseur sur son visage inoffensif. Elle semblait aussi réservée, aussi timide que moi. Très timidement, je lui ai demandé si la place vide à côté d'elle était disponible. Elle a hoché la tête pour me donner son accord. Je me suis assise à côté d'elle. J'ai passé mon année de sixième à ses côtés. Une amitié qui s'est forgée au fil des semaines et qui était naturelle. Pour la première fois de ma vie, j'ai eu une amie en cette année où la discrétion a été mon maître mot malgré mon amitié avec cette élève.

Il y avait aussi dans cette classe un groupe de filles toutes aussi blondes les unes que les autres. Notre professeure principale n'avait d'yeux que pour ces filles de fonctionnaires, de bonnes familles, qui n'avaient qu'un plaisir : raconter à voix haute leurs week-ends dans leurs maisons sur la côte, leurs vacances à l'étranger ou dans les plus belles stations de ski… Elles n'avaient que onze ans, elles avaient le même âge que moi mais elles avaient déjà ce que beaucoup n'avaient pas. Et de cela, elles se vantaient ouvertement, histoire de nous rabaisser.

Notre société n'est basée que sur des préjugées, des clichés. Pourquoi ma professeure principale a-t-elle fait passer en priorité ces jeunes filles blondes et mis le reste de la classe de côté ? Pourtant ces jeunes filles avaient toutes les cartes en main pour réussir grâce à leurs parents, à leur statut social. Nous, le reste de la classe, vivant dans les quartiers et dans des familles modestes, nous n'étions voués à aucun avenir concret à en croire son comportement à notre égard. La mentalité de cette professeure me déplaisait pour la discrimination qu'elle effectuait dans la classe. Je me sentais la pauvre parmi les riches, l'exclue de la société, car mon père, handicapé, vivait des aides de l'État et avait le statut de père isolé. Est-ce un sentiment que l'on doit ressentir, si jeune ? Surtout quand c'est une professeure participant à notre éducation qui nous le fait éprouver. Le plus troublant, c'est que les autres élèves refoulés de la classe n'avaient pas l'air dérangés par son manque de professionnalisme. Ils n'avaient pas vraiment l'air intéressé par leur avenir, contrairement à moi.

Cette année fut néanmoins plus ou moins réussie malgré ma mise à l'écart dans la classe. Car je n'étais pas encore prête à affronter la mentalité de certains élèves qui se targuaient d'avoir les plus belles chaussures, les plus beaux vêtements, les plus beaux stylos. Il n'y avait que cela qui comptait à leurs yeux.

Moi, je n'avais qu'un objectif : réussir.

L'année de cinquième fut celle où tout bascula dans ma façon de voir le monde. Et surtout, dans ma quête de mon être caché, d'une nouvelle personnalité.

— Non, je ne ferai pas latin papa !

— Tu feras latin, que tu le veuilles ou non, c'est bon pour ta culture et ton orthographe.

En complément de mon année de cinquième, mon père me força à faire latin, une langue que je ne souhaitais pas apprendre : la professeure n'était autre que ma professeur principale de sixième. Une année de plus à être discriminée et mise à l'écart des autres élèves. Je pris sur moi et me dis que je ne l'aurais que deux heures par semaine, même si à mes yeux, c'était suffisant pour me mettre en difficulté.

En ce début de nouvelle année dans le collège, je n'avais plus peur de me perdre dans les couloirs. Pendant les récréations, c'était lecture au CDI où je croisais parfois mon frère. Mais nous n'avions plus aucun lien depuis mes huit ans. Pourtant, je continuais d'espérer qu'on retrouve la complicité de notre enfance. Où était passé mon grand frère avec qui je jouais à la poupée ? Avec qui j'aimais jouer à des jeux en ligne sur nos ordinateurs ? J'aimais jouer avec mes frères, plus particulièrement avec Brice. Johan, lui, avait toujours aimé faire sa petite vie de son côté. Brice était très économe. Moi, j'aimais dépenser tout mon argent de poche pour m'acheter des sucreries et les partager à mon « entourage scolaire », afin de me sentir aimé pendant les quelques secondes que durait cet instant. Ces rares secondes où les gens autour de moi me disaient « merci ».

La nourriture était mon seul moyen de m'occuper à cause de la solitude. J'aimais passer mon temps devant la télévision à grignoter tandis que mes frères jouaient avec leurs amis dehors. Une enfance qui ne me déplaisait pas, en y repensant.

— Brice, je n'ai plus de gains sur ce jeu, tu pourrais me laisser gratter sur ton compte ?

— Oui bien sûr ! Ne dépense pas tout par contre.

Brice me laissa son compte. Trop tentée par le fait de dépenser, je ne sus tenir ma promesse et vidai son compte de trois cents gains. Depuis ce jour-là, mon frère eut la haine contre moi, une haine due à son addiction aux jeux et à l'argent. Je n'aurais jamais pensé qu'il puisse devenir l'un des responsables de mes troubles mentaux. Cette haine envers moi, il n'a depuis ce jour cessé de me la faire sentir. Insultes devant ma famille, insultes au collège, dans la rue, dans ma chambre. Je faisais tout pour l'éviter, pour ne plus avoir à croiser son regard noir, comme si son envie de me tuer était permanente. Sa rancœur était si tenace que j'en étais glacée à chaque fois qu'il m'insultait, qu'il m'humiliait.

Un jour, alors que j'étais sous le préau, des élèves de sa classe se sont approchés de moi pour me demander si j'étais la sœur de la victime.

— La victime ?

— Oui ! Brice GIBERT ! C'est toi, Fidji ?

— Oui, je suis sa sœur. Pourquoi vous dites que c'est une victime ?

— Regarde.

L'élève pointa son doigt en direction du centre de la cour du collège. Je vis mon frère à genoux se faire tirer les cheveux par des filles de sa classe. J'eus honte quand les élèves rigolèrent parce que j'étais sa sœur. D'autant plus qu'ils commencèrent rapidement à se moquer de moi, sans même me connaître. La réputation de mon frère m'atteignit en pleine figure. Moi, Fidji, la petite fille discrète, après avoir survécu au milieu des enfants de mon âge, je retombai de nouveau dans les moqueries des élèves sans le demander, encore une fois…

Heureusement, à douze ans, je me liai d'amitié avec une fille africaine plus grande que moi, mieux habillée que moi. Elle avait un humour qui me plaisait. Je retrouvai aussi dans ma classe une amie d'enfance que j'avais connue en primaire, je fis la connaissance de deux autres élèves de mon milieu et mon amitié avec la jeune fille aux taches de rousseur se poursuivit. Nous formions un bon petit groupe. Mais il y avait aussi cette élève qui m'avait fait du mal lors de ma scolarité en primaire. Je prenais sur moi.

Je pris moins sur moi quand je vis une nouvelle arriver dans la classe. Elle avait de longs cheveux blond vénitien. Elle arrivait à se faire un chignon en quelques secondes avec cet effet décoiffé qui lui allait si bien. Elle portait des vêtements à la mode, elle avait un caractère trop fort pour que j'ose lui adresser la parole. Elle avait l'air d'être une fille populaire. Ce genre de fille avec qui je ne me lierais jamais d'amitié. Trop de différence de classe sociale et de personnalité.

Je commençais à découvrir un nouveau monde grâce à mon groupe de copines. Nous aimions parler de mangas, de films, des cours, de nos soucis personnels. Je passais tout mon temps libre après les cours avec cette amie africaine. Elle me fit découvrir la joie d'être coquette et de prendre soin de soi. Elle m'emmena avec sa famille dans des endroits où je n'avais jamais eu le droit d'aller. C'est avec elle que je goûtai la joie d'avoir des amies, de découvrir le monde en toute liberté.

En cours de latin, j'étais assise à côté d'elle. En chuchotant, je lui avais demandé :

— Pss, t'as une gomme s'il te plaît ?

Pas le temps qu'elle me réponde que mon horrible professeure me cria de me taire et d'aller m'asseoir au fond de la classe, seule pour toute l'année. J'étais folle de rage car je n'avais fait que chuchoter tandis que les autres élèves rigolaient entre eux. Encore une fois, elle m'avait discriminée. Toute l'année, je passai chacune de mes heures de latin au fond de la classe. Pendant un an, je la regardai avec un œil noir. Cette année-là, je découvris un sentiment nouveau : la vengeance.

Un jour, à la fin du cours, je pris mon courage à deux mains pour lui demander pourquoi elle avait une dent contre moi :

— Oh toi ! Toi et ton quartier du Chemin vert, vous êtes des racailles !

Ces propos étaient inadmissibles. Comment se permettait-elle de juger ainsi ? Je ne lui avais jamais rien fait, mais à cause de la réputation de mon frère et du quartier dans lequel j'habitais, elle se vengeait sur moi. Une guerre entre elle et moi commença, et allait durer trois longues années.

Malgré les difficultés que je rencontrais en latin (mauvaises notes non méritées, insultes, mise à l'écart des autres élèves, heures de colle injustifiées), je passai une année très agréable en la présence de mes amies. J'avais de bons résultats et j'étais fière de les montrer à mon père, même s'il n'y accordait aucune importance. Première de la classe en anglais, avec vingt de moyenne à l'oral et a l'écrit. J'avais appris l'anglais en autodidacte et le parlais couramment à partir de mes huit ans. J'adorais les langues. Je passais mon temps à réécrire des musiques en anglais, à écouter des chansons pour tenter de les traduire en français, à les apprendre et à les chanter en anglais. J'avais eu cette chance d'apprendre facilement et j'appréciais chaque heure que je passais en cours d'anglais.

Encore vingt sur vingt pour les verbes irréguliers. Je courus chez moi pour l'annoncer fièrement à mon père. Ce jour-là, Brice aussi avait eu une bonne note à un contrôle d'espagnol :

— Papa ! J'ai encore eu vingt en anglais.

Mon père hocha timidement la tête afin de me faire comprendre que c'était bien. Brice arriva et lui donna sa feuille en lui expliquant sa note et la difficulté du devoir. Fièrement, mon père le félicita en lui disant que c'était très bien. J'ai toujours eu de bons résultats dans toutes les matières. Je m'acharnais à être la fierté de mon père. J'étais jalouse de voir que seul Brice comptait à ses yeux. J'ai compris ce jour-là que, peu importe la note que j'aurais, ce ne serait jamais suffisant pour être la fierté de mon père. Il n'avait que Brice en tête, son fils désiré. Je pris alors la décision de ne travailler que pour moi et de me concentrer sur ma seule scolarité. Mes études, ma réussite, mon groupe d'amies, c'est tout ce qui m'importait.

Souvent nous étions ensemble, quelquefois avec des connaissances à elles, d'autres filles et garçons du quartier. Un jour, du côté du terrain de sport face au collège, nous nous étions assises sur la pelouse, lorsqu'un ami de mes copines me demanda en allumant sa cigarette si j'en voulais une.

— Non merci, je ne fume pas.

— Ah ! T'en as pas dans le slip !

Celui-ci rigola. Je voulus alors faire comme lui, montrer que moi aussi, j'étais cool. J'acceptai alors sa cigarette, tirai une taffe. Le goût était bizarre mais n'était pas désagréable. C'est avec un air décontracté, cool, jeune, que je lui rétorquai alors :

— Alors, c'est qui le bonhomme ?

Le groupe rigola de ma blague. À ce moment précis, je me sentis aimée, entourée.

Je n'avais que douze et je commençai à fumer un paquet de cigarette par mois. À cette époque, le tabac ne me servait qu'à imiter les autres. Je n'étais pas encore tombée dans la dépendance.

Les mois défilaient, je passais mon temps à réviser, à travailler le judo et les échecs. Je fus même championne de Basse-Normandie en 2007. J'étais fière. Je continuais aussi à sortir avec mes copines. Je me sentais bien, je me sentais libre. Mais quelque chose n'allait toujours pas. Je m'éloignais de mon père car il me mettait sans cesse à l'écart. Je devais apprendre à me construire sans lui. Cet éloignement, ce rejet, cette incompréhension nous faisaient tomber dans un cercle vicieux et néfaste pour moi. Je ne supportais pas ses insultes, ses brimades, ses punitions. Je ne supportais plus qu'il ne s'intéresse pas à moi, à ma scolarité irréprochable, à mon titre de championne d'échecs. Il me blessait. Il portait chaque jour un coup de couteau à mon petit cœur de préado.

À chaque fois que je me rebellais, que je lui faisais face, que je lui disais qu'il ne s'intéressait pas à moi, il me mettait face à la menace de me placer en foyer. J'avais tellement peur de ces derniers. Et lui qui insistait en me disant que seuls les foyers éducatifs me permettraient de rester sur le bon chemin. J'avais si peur qu'un jour il m'envoie dans un de ces foyers, j'avais si peur de me retrouver avec des jeunes filles délinquantes de mon âge, de devoir partager ma chambre, de ne plus avoir d'intimité, et surtout de me faire voler le peu d'affaires que j'avais.

Plus les mois passaient et plus je détestais mon père. Je ne supportais son regard, sa façon de voir la société. Je détestais quand il se moquait des musulmans, des gens qu'il voyait en dessous de sa fenêtre. Il n'aimait pas notre voisine qui avait une sexualité assez épanouie. Cette voisine qu'il insultait régulièrement par la fenêtre et à qui il hurlait devant le monde : « Eh toi ! Tu m'en tailles une pour cinq euros ? » Je détestais de plus en plus ses discours racistes, les propos dévalorisants qu'il tenait envers ma maman, des propos inappropriés devant une jeune enfant. J'ai grandi dans un contexte où le respect de l'autre n'avait pas lieu d'être. Je ne pouvais plus supporter d'entendre de tels propos, d'autant que mes frères avaient le même discours, les mêmes préjugés que mon père.

Je voulais fuir cela. Avoir ma propre opinion des gens, de ma mère et de la société. Mon père sentait que je lui échappais, que je grandissais, mais pas à sa façon. Brice continuait d'être sous son emprise alors que Johan s'épanouissait auprès de sa marraine, extrémiste de droite. Mon père avait décidé d'adopter Johan puisque ma mère ne pouvait pas s'en occuper. Il avait deux mois quand mon père l'a pris sous sa coupe, le sauvant ainsi d'une enfance dans un foyer de la Dass.

Ayant grandi avec lui, je le considérais comme mon frère, et malgré ses absences, le peu de fois où je le voyais, j'étais heureuse de l'avoir comme grand frère. Il me protégeait. Mais il embrassa lui aussi les idées de notre merveilleux géniteur.

Malgré tout, en cet été 2012, mon père nous emmena comme chaque année dans un nouveau village vacance. Direction Forges-les-Eaux. Ferais-je de belles rencontres ? J'espérais être dans le même club que mes frères ! Et j'espérais bien m'amuser loin de mon père.

3

Premier amour

À l'entrée du village vacances, des enfants couraient autour d'un puits. Il y avait là de belles plantes, un beau paysage. Je savais que j'allais passer de belles vacances. Dans le gîte, objectif premier : avoir la meilleure chambre. Encore une fois, je me fis avoir : c'est moi qui partagerais ma chambre avec mon père. Mes frères allaient dormir ensemble.

Dans ce village vacance, les préados étaient avec les ados. Je me sentais rassurée. Je serais avec mes frères. Même si c'était compliqué avec Brice, la présence de Johan me suffisait pour me rassurer à la perspective de ces nouvelles rencontres. Je gardais toujours ce côté réservé, timide envers ma famille, qui ne savait pas que derrière cette timidité, j'avais déjà bien mûri. La piscine était grande avec jardin pour bronzer. Il y avait beaucoup de jeunes. J'étais méfiante. Je remarquai facilement les personnes que je ne devais pas approcher, je jouai avec mes frères dans l'eau à bonne température.

Le premier soir se passa à la salle des fêtes pour les activités organisées. Il y avait beaucoup de monde. J'allais rencontrer de nouvelles personnes. J'avais hâte malgré la peur de connaître à nouveau le risque d'être jugée. Je fis rapidement la connaissance d'un petit groupe qui ne se connaissait pas. Personne n'osait parler. Johan, comme à son habitude, prit les devants. Je le rejoignis dans la discussion et fis la connaissance de personnes plus âgées que moi. Je rigolai avec elles. C'est en riant à la blague d'un jeune Martiniquais que je remarquai un jeune garçon se diriger vers la buanderie. Il avait son panier à linge sur le bras. Il était beau. J'en étais confuse. Brun, grand, beaux traits de visage, un regard doux et inoffensif. Je ne comprenais pas ce qui m'arrivait. J'avais chaud, mon cœur battait très fort, mon pouls était plus élevé que d'habitude. J'avais les mains moites. Je n'espérais qu'une chose, qu'il soit avec nous au club ado.

Dans cette salle des fêtes, l'animateur était très drôle et arrivait à nous mettre à l'aise. Il nous demanda de nous présenter. Il me fit monter sur scène en même temps qu'un jeune garçon.

— Montez sur scène et présentez-vous !

Ce jeune garçon aux cheveux blonds et bouclés portait un plâtre à la main droite. Il était avec moi sur la scène. Je me présentai alors, timidement. Mais je fus rapidement reprise par l'animateur qui, tout en plaisantant, me gronda de ma piètre prestation scénique.

Peu importe, ça faisait rire le public. J'étais tout de même contente de ce moment. Mais en tournant la tête, je remarquai la présence du mystérieux jeune homme que j'avais croisé plus tôt devant le Lavomatic. Mon cœur battait à nouveau la chamade. J'étais à nouveau bloquée, je ne parlais plus, je bégayais. Il se mit alors à me regarder. Nous ne nous lâchions plus des yeux. L'animateur me fit vite revenir à la réalité :

— Eh Fidji, tu es avec nous ?

À mes côtés, il y avait toujours ce jeune avec son plâtre. Il venait d'expliquer qu'il avait fait une mauvaise chute de vélo.

En retournant à ma place, je m'aperçus qu'il s'était assis à côté de ce garçon si attirant. C'était à son tour désormais de monter sur scène et de se présenter au public. J'étais impatiente d'en savoir plus sur lui. Très vite, je sus qu'il s'appelait Jordan. Mon Dieu que je trouvais ce prénom attirant. Mon cœur battait si fort. Je fondais sous l'émotion à chacune des paroles qu'il prononçait. J'étais sous son charme, un sentiment tellement…

Que m'arrivait-il ?

Je n'arrivais pas à le décrire.

J'adorais l'écouter parler, me regarder.

C'était le cousin du garçon au plâtre.

Lorsque les présentations furent terminées, notre animateur nous proposa un jeu : le psychopathe. Un jeu au nom intriguant où nous devions tous nous mettre en cercle sur la scène. L'animateur choisit alors celui qui ferait le psychopathe et qui serait le détective.

— Au hasard… Fidji !

Le groupe de jeunes riait une fois de plus que je sois la cible de l'animateur. C'était bon enfant. Je n'en tenais pas compte car je savais qu'il rigolait. Je me sentais bien dans ce groupe. Mais ce qui m'importait le plus était de donner une bonne image à Jordan. Peut-être pour ne pas le décevoir et donc avoir la chance d'apprendre à le connaître. J'étais donc au milieu du cercle d'ados et je devais trouver qui avait assassiné la victime. Malgré les indices, j'avais beau chercher, je ne trouvais pas. Ça m'angoissait. Je voulais savoir ! Les ados en rigolaient. Je finis par m'asseoir sans bouger pour attendre qui allait se dévoiler. Beaucoup d'humour et de rires grâce à ce jeu. J'avais honte devant Jordan d'être le détective de la semaine et d'avoir tous les yeux rivés sur moi car je ne trouvais pas l'assassin. Une fois celui-ci dévoilé, la soirée fut consacrée à d'autres activités.

J'avais appris à connaître chacun des membres du club. Je m'étais liée d'amitié avec une jeune fille du même âge que Brice. Elle était belle, elle m'aidait à m'affirmer physiquement en tant que jeune fille. Le garçon martiniquais était atypique. Il avait un humour décalé, un humour noir que j'appréciais fortement. Titouan, le garçon au plâtre, aimait nous faire rire avec ses blagues sur le sexe. Et Jordan faisait le pitre. De toute façon, je riais ou souriais à chacune de ses interventions. Je me sentais bien dans ce groupe. Je me découvrais une nouvelle personnalité, non dénuée d'humour noir, de gentilles blagues sur le sexe, malgré ma virginité. Et je m'adonnais à certaines imitations d'artistes, à des onomatopées répétées. Je n'étais pas jugée par ce groupe d'ados. Je me sentais comme un poisson dans son élément. Ça faisait du bien de voir que sur cette planète, des gens bien existent. Malgré les insultes quotidiennes de Brice, je restais concentrée sur ce bonheur d'avoir des amis avec qui je pouvais tout partager.

Petit à petit je fis mieux connaissance avec Jordan. J'appris à le connaître. Mon Dieu qu'il me faisait rire. Je me sentais tellement bien à ses côtés. Nous passions la plupart de notre temps ensemble, à parler de la pluie et du beau temps. Tant que nous étions ensemble, le reste nous importait peu. Il n'était dans ce village vacance que pour une semaine avec sa famille. Je devais donc profiter de chaque instant à ses côtés. Je savais que la semaine passerait vite et que je ne le reverrais peut-être jamais. Cette idée de ne plus le voir me glaçait. C'était comme si j'allais perdre un bras. Quand il n'était pas près de moi, son visage inondait mes pensées. Je me sentais seule sans lui. Je vivais mes premiers sentiments amoureux

Ce dont j'étais sûre, c'est que lui et moi ne faisions plus qu'un. Nous avions tout en commun : l'humour, une vision de pensée identique, une histoire similaire. Je ne pensais pas me sentir autant comprise. Jordan était mon double masculin et mon rêve d'amour parfait, surtout lorsqu'il me regardait dans les yeux. Ça ne faisait aucun doute, j'étais amoureuse de lui. C'était la première fois que je ressentais ça. Mais j'avais tellement peur de le lui dire.

Durant cette semaine, je cherchai par tous les moyens comment lui annoncer ce que je ressentais. J'étais terrifiée. Je ne savais pas si c'était réciproque. Ce qui est certain, c'est que je ne trouvais pas la force de le lui dire. Mes copines savaient que mon cœur était tombé dans ses beaux filets. Elles voyaient bien que je restais figée devant lui, devant son allure. Sur le terrain de volley-ball, il était beau, fort, irrésistible. Je ne le lâchais pas du regard. Lui me faisait des signes, des sourires. Il n'hésitait pas non plus à faire le singe pour me faire rire. Et il y arrivait. Sa façon d'être, les autres filles ne l'appréciaient guère. Pour moi, il était parfait. Il était celui qui me correspondait. Je n'avais que douze ans, comme lui, et pour la première fois, je me sentais belle aux yeux d'un garçon. Je commençais à avoir des formes mais je ne me maquillais pas. Mes cheveux étaient toujours aussi courts mais Jordan avait détruit ces barrières que mon père, Brice et tous les autres avaient voulu me mettre.

Nous étions timides, innocents, amoureux. Sans besoin de le dire. Il suffisait que nous nous regardions dans les yeux pour nous comprendre. Il était ma moitié, mon identique masculin. J'étais son ying, il était mon yang. Et pourtant, nous étions comme chien et chat, à nous chercher constamment. Le premier amour est celui qui fait chavirer le cœur, qui vous retourne la tête, qui vous fait imaginer un monde meilleur, qui vous donne la force de vous battre contre le monde. Le premier amour est une illusion pour vous rassurer, pour que vous sachiez que l'amour en ce monde existe réellement afin de vous donner espoir et d'apprivoiser vos désirs les plus cachés. C'est tout cela que j'ai ressenti en rencontrant Jordan. Il a su changer la vision que j'avais de la vie. Il m'a appris à être forte et à tenter de croire en moi. Il m'a fait découvrir un monde que je ne pensais jamais connaître : l'amour.

Au cours de cette merveilleuse semaine où nous allions ensemble à la piscine, je me suis surprise, en mettant mon maillot de bain dans les vestiaires, à me contempler, à vouloir être jolie pour lui malgré ma petite poitrine et mes formes visibles. Savoir que son départ était imminent me détruisait. Comme si on me prenait mon cœur et qu'on le serrait fort. C'était dur pour moi de m'imaginer continuer ma vie sans lui. J'étais malheureuse rien qu'à l'idée de le voir partir.

Je n'avais que douze ans.

C'était mon premier amour.

À la piscine, nous plongions, nous nagions. Nous aimions rester sous l'eau à nous regarder, à nous rapprocher sans avoir besoin de nous enlacer ou de nous embrasser. Nous ne faisions plus qu'un. Toujours aussi romantique. Il comparait maladroitement mes cheveux à des algues. Sa maladresse me faisait rire quand il essayait de me complimenter. Je retombais à chaque fois amoureuse de lui quand il me parlait. Je buvais ses paroles avec passion. Il aimait me taquiner en sortant de l'eau : « Tiens voilà ma boule de cheveux mouillée ! » Il était décalé par rapport aux autres garçons, ce qui le rendait unique, ce qui faisait de lui le garçon idéal à mes yeux.

Lors de ma dernière soirée à ses côtés, j'étais angoissée, pensive. Mon cœur se serrait. J'avais mal. Mais je prenais sur moi et j'essayais de ne pas le lui montrer. Le spectacle de fin de vacances avait comme thème le western. Nous étions déguisés dans des costumes ridicules mais ce qui nous importait était de nous amuser. Il était beau mon cow-boy. Mon cœur battait fort. Je le sentais sortir de mon corps.

À la fin du spectacle de danse auquel tous les ados avaient participé, les parents nous ont applaudis longuement, nous ont félicités. Un à un, ils sont venus embrasser leur enfant. Tous, sauf un. Mon père. Lui n'a félicité que mes frères. Pour moi, rien. Mais j'avais l'habitude qu'il ne porte plus son regard sur moi. Ne jamais le voir à mes spectacles d'enfant ne me touchait plus. Comme ses absences lors de mes spectacles de chorale, ou quand j'ai reçu mon titre de championne d'échecs.

Son existence commençait à m'insupporter. L'ignorance qu'il affichait envers moi, les mots désobligeants qu'il me disait, les insultes quotidiennes et les coups qu'il me donnait, je n'en pouvais plus. En descendant de cette scène où je m'étais amusée, où j'avais été moi, heureuse, épanouie, je venais de décider de prendre ma vie en main, sans lui. Jordan était mon repère masculin. Je n'avais besoin que de lui. Était-ce raisonnable de vouloir me former toute seule en tant que préadolescente ?

Ma maturité prématurée me donnait les ressources nécessaires pour me battre face à cette société beaucoup trop compliquée pour une jeune fille de douze ans. Mais j'étais prête à en prendre le risque malgré l'absence de ma maternelle. D'ailleurs, qu'était-elle devenue ? Cette question me trottait dans la tête. Je n'en parlais pas à ma famille car je connaissais déjà leur avis néfaste à son sujet. Il m'était insupportable d'entendre une critique de plus.

En cette dernière soirée, je faisais semblant d'être heureuse auprès de mon amoureux. Je savais que le lendemain matin, je ne le reverrais plus jamais. Lui aussi commençait à prendre conscience qu'on ne serait plus ensemble d'ici quelques heures Assis l'un à côté de l'autre, nous n'osions pas trop parler.

Nous avons dansé une dernière fois. Mes mains étaient posées sur ses épaules, ses mains, sur mes hanches. Je me sentais bien dans ses bras mais je n'arrivais pas à profiter de cet instant. Son départ approchait. Puis Jordan m'annonça qu'il devait aller se coucher, qu'il partait tôt le lendemain matin. J'ai eu beau essayer de le convaincre de rester, rien n'y a fait. Son père était comme le mien. Inflexible. Il valait donc mieux qu'il rentre s'il ne voulait pas subir les représailles de son père. J'ai pris sur moi, puis suis allée me coucher à quelques maisons de lui. J'ai passé ma nuit à pleurer mon amour impossible, mon premier amour.

Je n'ai pas eu la chance de lui dire au revoir. Il était parti à l'aube. Toute la journée, j'ai pleuré. Je n'avais plus goût à rien, je ne voulais plus passer cette deuxième semaine de vacances ici, sans lui. Tout le temps qu'elle a duré, je suis restée repliée loin des autres ados et de ma famille. Je ne voulais qu'une chose, le revoir.

Par chance, nous avions échangé nos numéros de téléphone, nos Skype, nos Facebook. Tout ce qui pouvait nous permettre de nous contacter était important. Même s'il était maintenant loin de moi, il était hors de question d'abandonner notre relation. Notre amour s'est poursuivi à distance. Nos cœurs se sont dévoilés à distance.

Je n'ai passé qu'une semaine à ses côtés et pourtant je me suis toujours dit qu'on se retrouverait et que cela continuerait. Il était celui avec qui je voyais ma vie pour la première fois. Il avait cette place dans mon cœur, il ne la quittera jamais. Il gardera à jamais cette place, celle de mon premier amour.

4

Traits de souffrance, traits de punition

Après cet été merveilleux, la rentrée des classes me remit vite dans le bain du quotidien. J'avais treize ans. J'étais dans une classe de vingt-neuf élèves, tous différents les uns des autres. Je les connaissais de vue et je me retrouvais à nouveau avec ce groupe de filles blondes. Je n'étais pas heureuse de savoir que j'allais devoir commencer par supporter ces élèves pour mon année de quatrième.

Appuyés contre le mur, les bras croisés, nous attendions tous alignés la venue de notre future professeur principale. À côté de moi, il y avait une jeune fille que je n'avais encore jamais vue dans l'enceinte du collège. Elle était brune, ses cheveux étaient rasés sur un côté de son crâne. Vêtue d'une tenue de style métal, elle se démarquait des autres élèves. Je décidai d'engager la discussion :

— Tu es nouvelle ? Je ne t'ai encore jamais vue dans le collège.

— Oui, j'ai déménagé.

En classe, je me suis assise à côté d'elle. Elle s'appelait Pauline. Quant à notre professeure principale, elle semblait calme et attentionnée. Je voyais déjà en elle un répit, du calme.

Car à la maison, les insultes étaient chaque jour un peu plus blessantes. Je n'arrivais plus à supporter la pression psychologique. C'était trop dur à porter pour mes si petites épaules. Le matin, j'avais droit au regard noir de Brice et à son rituel petit mot d'amour : « grosse pute ». J'essayais de ne plus en tenir compte, même si ça me blessait. J'avais beau demander à mon père de faire en sorte que Brice change de comportement à mon égard, il me répondait toujours de fermer ma gueule. Le matin, je n'avais plus le droit d'accéder à la salle de bains. Il fallait que j'attende que Brice soit parti. Alors il faisait en sorte d'y rester le plus longtemps possible. Et quand il en sortait, il me regardait avec ses yeux vicieux en me disant que je puais. J'avais donc décidé de me lever une heure plus tôt chaque matin, de ne pas faire de bruit pour ne pas qu'il sache que j'allais me laver en cachette. Ensuite, je me préparais dans ma chambre à l'aide d'un petit miroir. J'allais me laver les dents dans la cuisine.

Mon père, qui espérait que Brice soit un élève surdoué, n'avait d'yeux que pour lui. Mon père refusait d'accepter le changement néfaste de Brice, son addiction aux jeux vidéo. Brice n'avait que cela en tête.

Envoûté par les jeux, il en oubliait sa famille, ses amis. Il se recroquevillait dans un monde imaginaire. Dès qu'il en sortait, je subissais sa violence psychologique, ses insultes. Et mon père allait en son sens. Johan, lui, était toujours aussi absent.

En classe, tout le monde m'insupportait. Malgré la présence de Pauline, je souhaitais les voir tous mourir. Je portais une haine grandissante à cette classe, à ce collège qui me répugnait. Et sans le vouloir, je savais que j'étais en train de tomber dans un trou qui n'était pas bon pour mon état psychologique.

Une élève était devenue la plus populaire de notre classe. Elle s'appelait Sidonie. Elle était plus grande que moi. Elle était fine, bronzée. Elle portait une belle épaisseur de maquillage. Ses sourcils étaient bien taillés, ses cils étaient longs et fins. Elle était habillée à la mode. Cette fille avait tout pour plaire, tout pour être l'idole des hommes. Elle ne faisait pas son âge. Elle m'impressionnait pour sa confiance en soi, une confiance qu'elle n'hésitait pas à dévoiler face aux autres élèves. Elle était nouvelle comme Pauline. En peu de temps, elle était devenue une des filles les plus populaires du collège.

Quand je regardais Sidonie, j'avais le désir d'être jolie, comme elle. Je pensais avoir noué une amitié avec cette fille. Elle me conseillait pour me mettre en valeur, au point de m'avoir appris à m'épiler les sourcils. Grâce à elle, je me sentais importante aux yeux des autres. Jusqu'à ce que je me rende compte que tout cela n'était qu'usurpation. Car au fil des semaines, la classe s'éloignait de moi. Sidonie commençait à rigoler quand elle me croisait ou quand elle était avec les autres et que je passais à proximité. Pauline ne souhaitait plus me parler. J'avais du mal à comprendre pourquoi elles, que je pensais être des filles bien, s'éloignaient de moi.

Heureusement une amie d'enfance restait toujours à mes côtés malgré ma solitude non désirée. Avec Marine, nous étions inséparables malgré les années qui passaient et nos situations qui changeaient. Si je savais qu'elle avait une histoire hors du commun, je ne pensais pas qu'elle m'entraînerait dans son monde secret.

Un soir, elle m'envoya une photo de son bras couvert de sang. Elle était si malheureuse à cause de son amour perdu. Voulait-elle du réconfort de ma part ? Je ne connaissais pas son monde. J'avais du mal à comprendre, du mal à la comprendre. Je n'ai pas su l'aider. Avec ce frère qui m'humiliait, avec ce père qui continuait de me battre, j'avais beaucoup trop de souffrance à gérer pour pouvoir m'occuper des problèmes des autres. Pourtant, cette photo m'intriguait. Je ne pensais pas que ce jour-là, son monde secret, deviendrait le mien.

— Sidonie ?

— Quoi ?

— Pourquoi tu es devenue aussi méchante envers moi ?

— Tu ne t'en rends pas compte ? Personne ne t'aime ! Personne ne t'a jamais aimée dans cette classe ! Regarde-toi Fidji. Tu ressembles à une clocharde. Tu pues. T'es un garçon manqué, tu es grosse, tu es dégueulasse comme meuf. Qui voudrait de toi ?

Elle rigolait, s'esclaffait devant la classe qu'elle avait su me mettre à dos. Ces élèves qui, auparavant insouciants, étaient devenus soumis à la pensée de Sidonie. Dès lors, la pression fut quotidienne.

C'en était trop.

J'avais treize ans.

Les humiliations de ma famille, les humiliations au collège, je continuais de garder tout cela pour moi. Je me taisais, j'encaissais. Et puis, rêvant la nuit que j'allais chuter d'une falaise, pleurant toutes les larmes de mon corps sur mon oreiller, j'ai décidé d'en parler à mon père. C'était à une pause du midi. J'avais décidé de rentrer pour lui parler :

— Papa ?

— Oui ?

— Je peux te parler de quelque chose de sérieux ?

— Qu'est-ce que tu as fait, encore ?

— Je me fais harceler dans la classe à cause d'une élève.

— Tu as toujours des problèmes, toi ! Laisse-la, l'écoute pas.

Plus facile à dire qu'à faire.

À ma grande surprise, il accepta de chercher des solutions afin que je me sente mieux. Il me dit qu'il fallait que j'en parle à ma professeure principale. Ce que je fis dès le lendemain. Cette dernière avait d'ailleurs décelé ma mise à l'écart des autres élèves.

J'expliquai la situation à la professeure. Celle-ci me répondit qu'elle allait convoquer la maman de Sidonie afin de lui faire cesser cette pression psychologique malsaine. Mais malgré mes démarches auprès de mon père et de la direction du collège, rien ne changea.

Bien au contraire. Un matin, Sidonie se dirigea d'un pas ferme vers moi et m'annonça sadiquement qu'elle serait pire qu'au début de l'année. D'un coup, je me souviens m'être figée, bloquée de tout mouvement, Ses paroles venaient de paralyser chaque membre de mon corps. Dès lors, elle hanta mon esprit, chaque heure, chaque minute, chaque seconde.

Malgré cela, je continuais de faire semblant d'être à peu près normale, je continuais de faire les choses que j'aimais afin que personne ne s'inquiète. Mais derrière cette façade, je n'avais envie que d'une chose : en finir avec la vie. Le harcèlement au collège, les insultes et les coups à la maison, c'en était trop.

Après une journée de collège horrible, je rentrai chez mon père qui ne trouva rien de mieux que de m'insulter. Je courus donc me réfugier dans ma mezzanine. Coussin sur la tête, j'ai souvenir d'avoir serré les dents pour ne pas hurler. Je n'ai mangé pas ce soir-là. Pas faim. Mon père n'est pas venu dans ma chambre pour me demander de venir à table. Il n'est même pas venu prendre de mes nouvelles alors qu'il avait bien remarqué que je n'allais pas bien en arrivant du collège. Alors je ne dînai pas. De toute façon, j'étais trop grosse, obèse selon les dires de ma famille et de mes camarades de classe, « grosse vache » selon mon frère. Ça ne pouvait donc pas me faire de mal de sauter un repas.

En larmes dans mon lit, je ne savais plus quoi penser, à part à en terminer. Mais comment faire ? J'avais peur. Je me souviens m'être questionnée : y avait-il une suite après la mort ?

J'avais ce besoin de me punir. Je me dégoûtais.

Tout cela était de ma faute.

Je n'aurais jamais dû naître.

J'en voulais énormément à ma génitrice qui n'avait jamais pris de nouvelles depuis la dernière fois que je l'avais vue… cinq ans plus tôt.

Je m'en souvenais parfaitement. Je n'avais que huit ans mais je l'entendais encore toquer à la porte. Et comme j'étais curieuse, comme j'aimais être la première à ouvrir, c'est moi qui l'avais accueillie.

— C'est maman !

Pourquoi était-elle accompagnée de deux gendarmes ? Pourquoi mon père ne nous avait pas prévenus de sa venue ?

Ma mère était grande. Elle avait de longs cheveux bruns frisés, elle était toujours aussi belle. Quand la porte s'est ouverte et qu'elle est apparue, mes frères se sont cachés derrière mon père. Je ne comprenais pas ce qu'il se passait. J'avais huit ans. Mais cela n'avait aucune importance à mes yeux de petite fille, je n'avais qu'une chose en tête : profiter de ma maman le plus possible. Ma mère s'accroupit, se mit à ma hauteur. J'ai sauté dans ses bras en criant : « Maman ! » Un mot que je n'ai jamais prononcé devant elle.

Nous ne voyions plus notre mère depuis plusieurs mois car elle ne venait plus au lieu de rencontre parents-enfants où nous avions l'habitude de la retrouver. À cette époque, je ne comprenais pas la raison de ses absences. Tout ce que je savais, c'est que j'étais triste de ne pas la voir. Ses petites visites me rendaient heureuse. J'avais perdu mes ailes en plein vol, en pleine quête de bonheur familial.

Je sentis ses cheveux frisés glisser sous mon nez, ses bras serrer fort mes petites épaules. Qu'elle était belle ! Pourquoi le temps ne pouvait-il pas s'arrêter à ce moment précis ?

— Fidji, veux-tu me rejoindre et venir vivre à la maison avec moi ?

— Oh oui !

Sans hésitation, je m'étais retournée pour demander l'autorisation à mon père, avec l'insouciance et l'inconscience de mon jeune âge. Mon père m'expliqua, pour une fois calmement, que ma place était chez lui et non avec ma maman. L'index posé sur mes lèvres, je regardai mes parents. Je n'arrivais pas à comprendre pourquoi. Je regardais ma mère avec tristesse et m'excusai de ne pas pouvoir la suivre. Son regard changea, son sourire venait de disparaître. Je savais qu'elle était déçue :

— Dans ce cas, je pars.

Je suis restée jusqu'au bout à regarder ma mère, mes frères avaient déjà tourné les talons depuis longtemps. Puis mon père a fermé la porte. Mais avant, je l'ai regardée partir. Ma mère n'avait même pas pris la peine de se retourner une dernière fois.

Depuis, je n'ai plus jamais senti ses cheveux, sa peau, ses bras autour de moi, sa douce voix, son regard brun, sa présence dans ce monde.

Les mois ont passé et j'ai continué, seule dans mon coin, à subir les insultes de mes camarades de classe. Mon seul moyen d'échapper à ces élèves était la musique. Après avoir passé mes écouteurs dans la manche de ma veste orange, je m'accoudais à table, la main à l'oreille pour cacher mon écouteur. Je me réfugiais alors dans mon monde avec des chansons suicidaires à l'oreille. Je me concentrais sur mes cours, mais ce n'était jamais suffisant pour étouffer mon mal-être.

C'est après être rentrée à la maison sans dîner et m'être réfugiée dans mon lit que j'ai pris ma trousse et le compas qui s'y trouvait. Je l'ai regardé. J'ai regardé mon bras. J'ai relevé la manche de mon pull. Ma peau était blanche. Les veines bien apparentes. J'ai pris ce compas, j'ai inséré sa pointe dans mon bras, j'y ai tracé des entailles. Le sang coulait. Le sang coulait en abondance. J'étais épuisée par l'acte que je venais de m'infliger, Mais je me souviens avoir eu cette sensation de vide, comme si je venais de tout extérioriser. Je me sentais enfin apaisée. Je me suis endormie, le bras en sang.

Je n'avais que treize ans. Je venais d'effectuer mon premier acte auto-agressif : l'autoscarification.

Pendant des semaines j'ai caché mes coupures sous les manches de ma petite veste afin que personne ne sache. C'était mon secret. Mais j'avais changé. Je ne parlais presque plus. Je ne souriais plus. Quant aux rares amies qui me restaient, je faisais, dès lors que j'étais avec elles, semblant d'être heureuse afin de ne pas les embêter avec mes soucis « imaginaires », aux dires de la direction du collège et de ma famille.

Et pourtant, s'ils avaient été là ce matin de février, au cours de mathématiques. J'essayais d'écouter le professeur qui nous faisait faire un exercice. Dans la classe, c'était un vrai bazar. Personne n'écoutait. Et apparemment, ça ne le dérangeait pas d'avoir une classe perturbée, ça ne le dérangeait pas d'entendre une fois de plus les mots blessants que les élèves me disaient. En me retournant, mon regard s'est posé quelques secondes sur Sidonie. Elle me considérait avec un air malicieux. Je savais qu'elle était à l'origine de ce qui se passait depuis le début du cours. Pourquoi ? Je n'en savais rien. Je ne l'avais pourtant pas provoquée. En entrant en classe, malgré le petit : « Tiens voilà la grosse vache qui arrive » qui avait fusé, j'avais bien pris soin de ne pas répondre, de ne pas relever cette énième brimade. Après m'avoir défiée du regard, elle a pris la parole. Toute la classe était assise, le professeur était au tableau :

— Et si on offrait une corde à Fidji pour qu'elle se pende ?

Toute la classe s'est mise à rire. Je suis restée tétanisée. Je venais de recevoir un uppercut. Sous le choc, j'ai quand même tourné la tête vers le professeur en me disant qu'il allait réagir, qu'il allait sanctionner. Mais non ! Aucune réaction ! Il continuait de faire son cours, me regardant comme si de rien n'était. Il avait pourtant bien entendu ce que venait de lancer Sidonie. Il avait pourtant entendu les insultes et petits mots doux qui fusaient depuis plus d'un quart d'heure. N'était-ce pas son rôle d'intervenir ? À cet instant, je me suis rendu compte que personne ne m'appréciait, que tout le monde souhaitait ma mort. Je me suis sentie brisée, détruite. Et ce professeur qui continuait de nous parler de ses exercices. J'avais juste envie de vomir, de crier.

Et si on offrait une corde à Fidji pour qu'elle se pende ? Cette phrase retentissait en écho dans ma tête. Comment pouvait-on dire de telles choses ? Qu'avais-je fait pour mériter cela, pour qu'on veuille ma mort ? Je n'avais hâte que d'une chose : que la sonnerie retentisse pour aller me cacher dans les toilettes et trouver des solutions de suicide. En attendant, il fallait finir ce cours de mathématiques puisque celui qui le menait continuait tout en voyant que je venais de baisser la tête pour cacher mes larmes.

Lorsque la sonnerie a retenti, j'ai pris mes affaires, je me suis levée, je suis sortie la première. J'avais une lame de taille-crayon dans la poche, une méthode plus radicale que le compas. Cette lame que j'avais sur moi depuis plusieurs jours, pour le cas où, allait me permettre de me soulager de mes souffrances. Lame en poche droite, mouchoirs dans l'autre, je suis sortie la première de la classe et j'ai couru. J'ai couru du mieux que j'ai pu tout en baissant la tête, les yeux rougis, les larmes sur les joues. Un long couloir, des escaliers, j'ai pris la direction des toilettes.

Arrivée sur place, je me suis enfermée, prenant bien soin de vérifier que le verrou fonctionne. J'avais bien fait puisqu'une petite poignée de bonnes camarades de classe m'avait suivie, elles aussi en courant, pour arriver jusqu'aux toilettes.

À peine avais-je refermé la porte qu'elles tapaient déjà dedans et qu'elles rigolaient en m'incitant à passer à l'acte.

— Allez vas-y Fidji ! Suicide-toi !

C'est alors qu'un surveillant est arrivé dans les toilettes et a demandé aux élèves ce qu'il se passait.

— Rien m'sieur, c'est Fidji, elle est aux toilettes !

Celui-ci m'a demandé ce que je faisais derrière la porte et c'est avec fermeté je lui ai répondu que je faisais mes besoins. Il a alors fait sortir tout le monde. Le calme était revenu. J'ai sorti mon casque, mis ma musique et mes chansons suicidaires pour me donner le courage de passer à l'acte de nouveau. Jamais je ne m'étais imaginé qu'un jour, à l'école, j'allais mourir, les veines tailladées dans les toilettes, que les élèves allaient me retrouver morte.

J'ai pris ma lame, j'étais en larmes

J'avais treize ans.

C'était devenu trop dur à supporter.

Je n'avais rien à perdre de toute manière, personne ne voulait de moi de toute façon. J'ai sorti cette lame de ma poche, je l'ai regardée. J'ai remonté ma manche. Je l'ai posée sur ma peau, j'ai coupé et dessiné des traits de souffrance, de punition. Ces entailles, camouflées par le sang qui ne cessait de couler sur mon bras, étaient un véritable remède à ma souffrance. J'étais à nouveau soulagée.

Lorsque la sonnerie a retenti à la fin de la pause, ma tête tournait. J'ai séché mes larmes, posé sur mon bras une grosse quantité de mouchoirs que j'ai maintenus à l'aide de scotch autour, j'ai enfilé ma veste. Je me suis levée, j'ai repris mon souffle et je me suis dirigée vers le cours suivant, comme si de rien n'était.

5

Destructrice

Mon mal-être était si profond que ma relation avec Jordan n'avait pas duré. Nous nous sommes perdus de vue pendant plusieurs mois. Les sentiments que je lui portais étaient brouillés par ma souffrance, par le harcèlement. J'aurais voulu qu'il me soutienne, par amour pour moi. Mais il ne l'a jamais fait. J'ai alors compris que les sentiments que j'avais ressentis à ses côtés n'étaient en fait qu'illusions. J'étais totalement perdue, à la merci de n'importe qui, ou de n'importe quoi.

C'est dans ce contexte que j'ai fait la rencontre de Marc. Il n'était pas du tout celui que je voulais, ni que je recherchais. Je suis sortie avec lui durant six mois afin de combler le vide que je ressentais. En lui, j'ai tenté de trouver cette personne qui allait peut-être me sortir de mes démons.

Je n'avais que treize ans

Marc était toujours présent pour moi. Il avait le même âge que moi, nous étions dans le même collège. Malgré les paroles qu'il me disait et qui n'avaient pas d'importance à mes yeux, je restai avec lui, pour ne plus être seule. C'était du moins ce que je me disais. Je mentais de plus en plus à mon père, lui faisant croire que j'avais des amies. En réalité, je fuyais le domicile familial pour le rejoindre. Il n'habitait qu'à trois immeubles de moi. Rapidement, j'ai passé quelques nuits à ses côtés. J'avais dit à mon père que je dormais chez une copine. Mais j'étais chez Marc.

Sa sœur ne m'appréciait pas, sa mère accepta ma présence, sans plus. Le soir, nous nous retrouvions tous les deux dans son grand lit deux places. Nous nous prenions dans les bras, nous nous embrassions. Plus les jours avançaient, plus ces baisers étaient passionnés. Que se passait-il dans mon corps ? Je ressentais une pulsion dans mon bassin. Lui ? Son pénis se levait. Je ne comprenais pas ce qu'il se passait. J'étais attirée par ce plaisir mystérieux, mais il était trop tôt pour passer le cap. J'en ressentais l'envie, lui aussi d'ailleurs, mais à vrai dire, ce qui me bloquait n'était pas le rapport en soi mais le jugement des autres.

Marc caressait ma petite poitrine, il suçotait mes tétons. Pourquoi faisait-il ça ? Je ne ressentais aucun plaisir. Sa main glissait dans ma petite culotte, il insérait un doigt dans mon corps. J'éprouvais une sensation étrange qui me faisait gémir. J'en voulais plus. Mais la peur de jugement me bloqua durant plusieurs semaines. J'allais de plus en plus au domicile de Marc pour fuir mon univers. Nous passions du temps ensemble, mais aussi et surtout, nous apprenions à connaître nos corps. C'était trop tôt.

J'avais treize ans.

Mais je savais depuis le début que je n'étais pas comme les autres. Pourquoi me priver si j'étais prête et que personne ne le savait ? Nous avons essayé des préliminaires pendant plusieurs semaines. C'est en lisant, en apprenant, que je découvris certaines zones érogènes chez l'homme. Voir l'homme respirer fort, sentir son cœur battre rapidement ; des réactions physiologiques qui ne me donnaient envie que d'une chose : revoir encore le plaisir que je lui procurais. C'était un sentiment qui me plaisait : j'étais capable de rendre quelqu'un « heureux ». Quant à moi, sa tête descendait petit à petit vers mon entrejambe. Je ne lui montrais rien. Pourtant, j'étais paniquée, j'avais peur. Sa langue glissait entre mes lèvres vaginales. Il titillait une zone que je ne connaissais pas et, bizarrement, je ressentais à ce moment précis une envie d'uriner qui me poussait à le faire arrêter. Après plusieurs essais, je n'y arrivais toujours pas. À chaque fois, l'envie d'uriner me venait.

Je ne savais à qui parler de ce qui m'arrivait, je ne voulais pas être jugée. Un soir, en sortant de ma douche, je pris le temps d'envoyer un message à Titouan afin qu'il me conseille. Titouan a toujours eu de l'expérience. C'était un ami très proche. Je savais qu'il ne me jugerait pas. Il me donna alors le conseil d'aller aux toilettes avant de le faire et, surtout, de me laisser aller.

Avec Marc, au fil des nuits passées ensemble, nous connaissions un peu mieux nos corps. J'avais apporté des préservatifs. C'était le grand jour. J'allais perdre ma virginité. Le sentiment de stress ne me lâcha pas de la journée et de la soirée. Suivant les conseils de Titouan, je me laissai aller mais je ressentais toujours cette envie d'uriner. C'était impossible ! Je me tortillais dans tous les sens, tirais les draps de toutes mes forces. Je me cambrais, je transpirais, une guerre se déroulait entre mes jambes, sa langue sur mon clitoris, en plein combat avec mon plaisir. C'était intense, j'en perdais la raison. Tout ce que je subissais au collège s'était envolé, comme si une fusée venait de décoller pour le paradis, la terre de l'extase.

Je n'avais que treize, je venais d'avoir mon premier orgasme.

Je ne pensais pas que notre première fois se passerait comme cela. Marc était sur moi. Il m'embrassa, me mit à l'aise. Son préservatif était posé sur son pénis en érection. Mes jambes nues se sont écartées sur mon vagin, cible de son sexe imposant. Il posa son gland entre mes lèvres, essaya de pousser pour y rentrer : j'étais bloquée. Je ressentais une douleur, comme un tiraillement entre mes jambes. Marc continua de me mettre à l'aise :

— Tout va bien aller mon cœur.

Je me suis laissée aller, son sexe s'est inséré dans mon corps, j'ai ressenti à ce moment-là une déchirure légère qui m'a fait gémir. Il a fait des va-et-vient, j'ai pris du plaisir. Cette sensation a chamboulé le cours de mon existence. Marc fera éternellement partie de mon histoire pour avoir été ma première fois. Mais quelle désillusion qu'elle se soit passée aussi rapidement, avec autant d'inconscience. Je cherchais du réconfort auprès des hommes car mon père ne me donnait plus cette affection qu'un père donne à sa fille.

Ma relation avec Marc ne dura pas car plus le temps passait, plus Marc voulait contrôler ma vie. Et je ne savais plus quoi faire au sujet de mes crises suicidaires. Notre relation devenait destructrice. Je n'avais que Jordan en tête. Lui seul savait m'apaiser, mon amour perdu. Ma lame était devenue ma meilleure amie, la seule pour me comprendre. À chaque fois que je perdais pied, je ressentais le besoin de la ressentir sur ma peau. Elle me permettait de m'évader, m'amenait dans un monde où nos démons sont nos seuls compagnons.

Marc ne supportait plus cette situation, au point d'en devenir violent avec moi. Un jour, après les cours, il m'étrangla. Il me souleva du sol, je perdis ma respiration ; il était temps d'arrêter avec lui, d'arrêter de jouer avec ses sentiments et de jouer avec les miens. Je ne pouvais le nier, je n'avais que Jordan dans la peau. Je mis fin à la relation, le garçon qui m'accompagnait dans ma vie venait de devenir mon pire cauchemar. Et étrangement, je ne ressentis pas de peine à l'avoir abandonné. Mon mal-être venait de détruire la personne qui m'était le plus proche.

Sa présence au collège m'insupportait. Pourtant, j'espérais que Marc ne dévoilerait pas notre secret à tout le monde. Il savait qu'il portait une bombe entre les mains, une bombe prête à exploser à tout moment. Je me devais de m'éloigner de lui afin de ne pas subir plus de harcèlement encore.

Mon année de quatrième se termina avec des résultats qui n'étaient pas à la hauteur de mes capacités intellectuelles. Mon père me criait dessus. Même au-dessus de la moyenne, ce n'était pas suffisant. Je devais être la première de la classe pour lui. Je subis à nouveau ses insultes, mon frère Brice jubilait, Johan ne se manifestait pas.

Nous allâmes passer deux semaines de vacances à Portbail, dans la Manche. Le fait d'avoir découvert ce que je pouvais faire avec mon corps et ma main m'amena à développer une personnalité nouvelle : la nymphomanie. Néanmoins, je me promis que ma dernière année de collège ne serait pas semblable à ma quatrième. Je me fis la promesse de me relever et de m'affirmer pour l'année de troisième.

6

Humiliée, endurcie

Durant les vacances d'été, je m'engageai à tenir une page internet d'entraide pour les jeunes de mon âge souffrant d'automutilation ou d'autres troubles similaires liés à la dépression. Je découvris que je n'étais pas seule, découvris quel nom les personnes qui en souffraient donnaient à mes démons. « CAT » désigne l'automutilation ; « ANA », l'anorexie ; « MIA », boulimie ; « IZZI », l'insomnie ; « BRI », la bipolarité ; « DEB », la dépression ; et enfin « SUE », le suicide. Des codes que je nomme aujourd'hui pour les parents : si vous les voyez sur les cahiers de vos enfants, agissez vite !

Sur cette page, nous nous entraidions, nous pouvions tout nous dire sans être jugés. La page recevait de plus en plus de personnes souffrant de dépression. Est-ce une bonne chose de recueillir beaucoup de « j'aime » pour se sentir populaire ? Oui, mais pas au sujet d'une page expliquant les différentes manières de se suicider.

Je me sentais comprise, et cette page me faisait entrevoir une raison à mon existence : soutenir les gens.

Merci Fidji de m'avoir sortie de la dépression, aujourd'hui j'ai accepté le divorce de mes parents. Je ne me fais plus vomir, j'accepte enfin mon corps et un homme me montre qu'il m'aime pour ce que je suis. Merci Fidji, merci infiniment de m'avoir sortie de la dépression.

Un message parmi tant d'autres que je recevais et appréciais avec fierté après avoir accompagné pendant plusieurs mois certains dépressifs. Ou avoir tout simplement conseillé quelques personnes pour les aider à avancer. Je me sentais psychologue. Passionnée de psychologie, de sociologie et de politique, je dévorais les livres avec passion afin de mieux comprendre les gens, mieux comprendre le monde. Je réussissais à sortir les gens de la dépression, mais je n'ai jamais su sortir de la mienne.

Tout en continuant de soutenir mes *little butterflies*, je suis allée, avec ma famille, à Portbail. Je n'avais aucune attente face à ces vacances. J'espérais juste m'isoler un peu de ma famille et faire ma vie.

Ce village vacances possédait une grande plage. Il faisait beau, il faisait chaud. Le village avait une piscine couverte, une salle de spectacles, des clubs pour les enfants et les adolescents. Je restais en contact avec mes amis des précédentes vacances, mais n'étais pas contre de nouvelles rencontres. J'avais tellement souffert du harcèlement que rien ne pouvait être pire. Enfin, c'était ce que je pensais.

Durant ces vacances, j'eus trois relations différentes, sans aucune suite. Mes frères se rendirent compte de mon attirance pour les hommes et, un soir, ils n'hésitèrent pas à en parler à mon père. Ce soir-là, Johan m'ordonna de rentrer. J'étais en panique. Je savais parfaitement, vu le ton qu'il avait employé, que j'allais être battue, encore une fois. Arnaud, mon ami d'enfance, était avec moi, je savais que j'allais être humiliée devant lui.

Une fois rentrée dans le gîte, je vis mon père. Il était très froid. Il me demanda de me mettre à genoux devant lui. Je ne compris pas. Il tapa fortement la table de sa main en me hurlant de me mettre à genoux. Je m'exécutai avec frayeur. Il me cria alors de me mettre les mains sur la tête et de dire à voix haute que j'étais une pute, une salope. C'est en tremblant que je m'exécutai car je ne souhaitais pas qu'il me frappe à nouveau avec sa béquille qu'il tenait à la main.

Mon père m'humilia devant Arnaud et mes frères. Mes frères jubilaient, Arnaud était choqué. Il savait que mon père était spécial et caractériel mais il découvrit enfin sa vraie face cachée. Un maltraitant. J'étais en larmes. Mon père rigola, se moqua de moi, m'ordonna d'aller dans ma chambre et de fermer ma gueule. Je n'eus pas le temps de voir le regard pétrifié d'Arnaud et je courus me réfugier sous ma couette.

Ce soir-là restera à jamais dans ma mémoire. Mon père ne voulait plus de moi. Je passai mes vacances encore plus éloignée de lui. Malgré cela, je fis de nouvelles rencontres, me fis de nouveaux amis. Je me concentrai sur eux et finis mes vacances par un passage sur scène, devant le public. J'étais fière ! Je jouai un sketch d'Olivier de Benoist. Quelle joie de voir les adultes rigoler de mes blagues ! Mon père lui, ne souriait pas. Il était venu au spectacle pour voir mes frères et dut bien accepter ma présence sur les planches.

7

En mémoire de maman

Les vacances d'été terminées, je m'étais endurcie. Je m'étais aussi réfugiée dans un nouveau style de musique : le rap. Un style qui attisait le vide et la haine que j'éprouvais envers cette société injuste de ne jamais m'avoir tendu la main. Je ne croyais plus aux fausses paroles des professeurs qui feraient le nécessaire pour que le harcèlement que je subissais cesse.

Entrée en classe de troisième, année du diplôme national du brevet des collèges, je voulais être indestructible face à tout ce qui m'entourait pour réussir : obtenir mon billet pour l'un des meilleurs lycées de France. Mes objectifs de cette année de troisième étaient de ne plus me laisser faire, quitte à me servir du ju-jitsu que j'avais appris le week-end en complément du judo, je voulais enfin pouvoir dire les mots que je ne m'étais jamais permis de prononcer par peur des représailles. J'étais déterminée.

Malheureusement, ma demande auprès de la direction pour ne pas me retrouver dans la même classe que Sidonie ne fut pas entendue, et encore moins exaucée. Fin de non-recevoir du proviseur. Que cherchait-il ? Me pousser à bout ? Me pousser au suicide ? Comment devais-je réagir ? Étais-je prête à me battre ? À me battre face au harcèlement, face à ma famille, face à la société, face à moi-même ?

Sidonie riait de ma présence. Elle se frottait les mains de pouvoir à nouveau me faire du mal. Mais le soutien de ma page d'entraide m'avait permis de lui opposer ma force et mon intelligence. J'avais donc décidé de l'ignorer et les livres de psychologie que je dévorais m'aidaient à me dire que, derrière son comportement assez animal, se cachaient certainement des troubles. Avait-elle aussi une histoire ? C'était dur à croire quand elle criait à voix haute des mots inacceptables au sujet de ses parents. C'était une rebelle. Ses parents se laissaient-ils faire ? Dans tous les cas, peu importait son histoire. Je n'allais pas me laisser faire face à ses paroles et à ses gestes, à l'emprise qu'elle avait sur moi.

Lorsqu'elle m'humiliait, je recourais à mon faux sourire. Elle ne comprenait pas forcément pourquoi je riais aux insultes qu'elle me portait. C'était ma façon de me protéger de ses mots, de me protéger moi-même. Mais, secrètement, je continuais d'en être détruite. Prenant conscience au fil des semaines que mes amis n'étaient pas aussi sincères que je le pensais, je préférais rester seule. Je ne cherchai donc pas à m'insérer dans un groupe. Je ne me sentais plus à ma place, ni dans cette classe, ni dans cette région, ni dans ce pays. Je rêvais de vivre en Allemagne. Car en là-bas, la plupart des élèves respectaient leurs professeurs, contrairement en France. En Allemagne, le taux de harcèlement était beaucoup plus faible qu'en France.

Au retour des vacances de la Toussaint, je fus encore confrontée à Sidonie en salle d'informatique. Elle n'était pas loin de moi, entourée de ses amies. Elle avait les pieds sur la table. Personne ne lui en fit la remarque. Elle avait réussi à avoir de l'emprise sur les professeurs qui fermaient les yeux sur son insolence et ses comportements violents. J'avais les yeux rivés à mon écran. Attentive. Soudain, dans mon dos, je l'ai entendu dire à haute voix :

— Putain qu'est-ce qu'elle est grosse.

Ni une ni deux, je me suis retournée et j'ai ri sous son nez. J'ai ri comme jamais je n'avais ri. Sidonie était exaspérée, ulcérée. Elle commença à menacer de me frapper si je ne cessais pas. Aussitôt, je l'ai incitée à venir tenter sa chance, à venir me frapper. Elle s'est levée, je me suis levée avec fierté et courage, nos corps se sont rapprochés. Sidonie a tenté de me gifler. J'ai esquivé et je lui ai lancé un coup de pied entre les jambes. Alors qu'elle était pliée en deux devant moi, je l'ai agrippée par les cheveux et j'ai plaqué son visage sur le clavier de l'ordinateur. Les élèves contemplaient le spectacle et rigolaient. Mais je n'en avais que faire. Ce qui m'importait, c'était de lui montrer que je ne me laisserais plus faire et que j'avais de la haine envers elle. C'est après quelques minutes de bagarre que notre professeur d'histoire a décidé de nous séparer et nous amener dans le bureau du directeur.

Sidonie l'invincible avait le visage marqué. Elle n'était plus la même. Moi non plus. Il fallait que ça pète. Il fallait que j'explose. Face au proviseur que je considérais comme responsable de m'avoir mise dans la même classe que cette élève, je restai inflexible. Une simple remontrance, une menace de sanction, deux heures de colle. C'est tout ce que nous avons gagné. Mais moi, j'avais gagné bien plus. En la regardant, j'étais assez fière de voir son œil saigner. Je venais de gagner la guerre. Depuis ce jour-là, Sidonie ne m'a plus harcelée.

Mais mon père avait eu vent de cette histoire. Il fut une fois de plus violent avec moi, en représailles. Mais je venais de gagner la guerre, c'était tout ce qui comptait pour moi, même si je n'avais toujours pas gagné face à mon père.

C'est peut-être aussi cela qui a contribué à ma consommation accrue de tabac. J'en étais arrivée à un paquet de cigarettes tous les trois jours. C'était devenu le seul moyen de me détendre et de limiter mes idées suicidaires. Non, ce n'était pas bon pour ma santé, mais allez dire à une adolescente qui souhaite mourir de moins fumer car cela peut être fatal ! En lui disant ça, vous l'incitez à sauter du pont.

La petite amie de Johan savait que je fumais beaucoup. Johan me trahit en annonçant la nouvelle à mon géniteur. Alors un soir, mon père est entré violemment dans ma chambre en hurlant. J'étais allongée sur mon fauteuil en train de réviser mes cours lorsqu'il m'a agrippée par la main et tirée de toutes ses forces par les cheveux. Il m'a alors balancée au sol et donné des coups dans le ventre, dans les hanches, au visage. Je n'ai pas compté le nombre de coups reçus. J'ai tenté de me protéger. J'ai tenté de me dire que ce n'était pas lui qui faisait ça à sa propre fille. Je me suis mise en boule, j'ai mis mes mains devant mon ventre, devant mon entrejambe qu'il visait. Chaque coup était violent. Chaque coup était plus fort que le précédent. Je n'entendais même plus les mots blessants qu'il hurlait tellement j'avais mal, tellement je perdais conscience.

Puis les coups ont cessé. Je pleurais. Mon corps n'était que souffrance. Et il hurlait toujours. Il a jeté mes vêtements par la fenêtre, fait tomber mon miroir qui s'est brisé sur le sol, renversé et piétiné mon maquillage, shooté dans mes affaires de cours. Le cauchemar a cessé quand on a sonné à la porte. J'ai réussi à ouvrir mes yeux tuméfiés et, comme s'il était enfin calmé, il m'a dit d'une voix apaisée :

— Ramasse.

J'ai passé plus d'une heure cachée derrière mon fauteuil, de peur qu'il ne revienne. J'ai passé plus d'une heure à tenter de me relever, à essuyer le sang sur mon visage, à bouger doucement mes membres un à un pour voir si rien n'était cassé.

Lui était retourné dans le salon pour prendre le café avec ma sauveuse, cette amie de mon géniteur venue lui rendre visite. Comment avait-il pu frapper sa fille aussi fort ? Qu'avais-je fait pour mériter un tel déchaînement de violence ? Je n'avais qu'une envie, en terminer avec la vie. Cette soirée de cauchemar m'avait fait prendre conscience que ma place n'était pas dans cette maison, mais auprès de ma mère. Car cela faisait déjà plus d'un an que je cachais un secret qui me rongeait de plus en plus. Un secret qu'aucun membre de ma famille ne savait.

C'était un an plus tôt.

J'avais treize ans.

Je ne supportais plus les insultes de mon père envers ma maman. J'avais besoin d'entendre la vérité de sa propre voix.

Un soir, mon père emmena mes frères au judo. Je n'étais plus motivée à pratiquer ce sport avec des jeunes qui pensaient qu'avoir le plus beau kimono faisait d'eux des bons judokas. J'en profitai pour fouiller dans tous les papiers de mon père. Il nous cachait la vérité, je le sentais. Je n'avais pas beaucoup de temps avant son retour. Je me précipitai sur ses documents. Banque, loyer, impôts… rien d'intéressant. C'est avec désespoir que je m'assis et regardai en l'air. Je remarquai une valise au-dessus de l'armoire. Je me précipitais dessus. Elle était fermée à clé. Pourquoi ? Je savais que la vérité était à l'intérieur de cette valise. Elle n'allait pas me résister.

Je parvins à l'ouvrir. Dans cette valise, des documents. Des documents de divorce, des tribunaux, et un livret de famille. Des photos de Brice bébé. Aucune de moi. Je pris tous ces documents en photo à l'aide de mon téléphone, je rangeai la valise et je partis me réfugier dans ma chambre.

Ces documents m'apprirent la date du divorce de mes parents, les raisons réelles qui pour lesquelles ma mère nous avait soi-disant abandonnés. Je vis son adresse, j'appris qu'elle avait eu d'autres enfants avec un autre homme, après mon père, qu'elle s'était remariée. Je devais continuer mes recherches. Je voulais connaître la vérité. Pourquoi elle était partie ? Pourquoi en était-elle arrivée là ?

C'est avec Marc, avec qui j'étais restée en contact que je pris la décision d'aller au commissariat du centre-ville pour obtenir le numéro de téléphone de ma maman Sur le chemin, mon cœur battait fort, j'étais impatiente. J'allais avoir ma maman au téléphone. Arrivée face au commissariat, j'ai repris mon souffle, puis suis entrée dans le bâtiment. Un officier a pris ma pièce d'identité à l'accueil et m'a demandé la raison de ma venue :

— Je suis à la recherche de ma mère : Fatima Zohra Krache.

— Veuillez patienter.

Puis quelques minutes plus tard :

— Excusez-moi mademoiselle mais votre mère n'est pas sur nos registres. Patientez quelques instants, le temps que j'appelle le commissariat de Troyes.

J'ai encore attendu de longues et interminables minutes.

— Mademoiselle, le commissariat de cette ville nous a annoncé qu'elle ne figure plus sur leur registre non plus. Mais j'ai pu obtenir un numéro de téléphone. Essayez, c'est peut-être elle. Bon courage.

Où habitait ma mère alors ? J'étais perdue. Je me suis empressée de rejoindre Marc, car je savais que, seule, je ne pourrais pas faire face à ce qui m'attendait. Nous nous sommes assis, j'ai soufflé un grand coup. Marc a posé un bras sur mes épaules. Son soutien me faisait du bien même s'il ne pouvait certainement pas comprendre ce que je ressentais, ayant toujours eu une famille aimante. Mais sa présence suffisait à me donner la force de composer ce numéro de téléphone.

Ça sonnait ! Mon cœur battait de toutes ses forces, je tremblais, me rongeais les ongles. À l'autre bout du fil, on a décroché :

— Oui allô ?

— …

— Allô ?

— Ma… maman ?

— Fidji ?

— Maman, c'est toi ?

— Fidji que tu as grandi ! Je ne m'attendais pas à ce que tu m'appelles ma chérie ! Je suis désolé ma puce, mais ce n'est pas ta maman au téléphone. C'est ta tante Yamina, la sœur de ta maman. Que deviens-tu ? La dernière fois que je t'ai vue tu n'étais qu'un bébé.

— Yami… j'ai besoin de ton aide. Peux-tu me donner le numéro de maman s'il te plaît ? Mon père nous bourre le crâne au sujet de maman en disant des mensonges sur elle.

— Il n'a pas changé à ce que je vois, toujours à la dénigrer. Écoute Fidji, tu as quel âge maintenant, ma belle ?

— Treize ans.

— Bon, Fidji. Il va falloir que tu sois forte malgré ton jeune âge, tu m'en fais la promesse ?

— Dis-moi ce qu'il se passe ? Je ne comprends pas !

— Fais-moi la promesse s'il te plaît.

— Promis... dis-moi maintenant !

— Ta maman Fatima s'est suicidée le 11 juin 2008. Je suis désolé ma chérie mais ta maman nous a quittés.

Ma tante venait de me dire quelque chose que je refusais de croire. Je lui ai répété, lui ai crié au téléphone qu'elle mentait, que ce n'était pas possible. Yami a tenté de me calmer du mieux qu'elle pouvait, en vain. C'est après plus d'une heure passée au téléphone que j'ai compris et que je tombais dans une horrible crise d'angoisse. J'ai déversé toute ma souffrance dans les bras de Marc qui ne répondait pas. Lui aussi était sous le choc. Il ne savait pas quoi faire à part me serrer dans ses bras du mieux qu'il pouvait. Je ne voulais pas me lever, je n'avais plus aucune force, plus aucune motivation. Je broyais du noir.

J'ai passé la nuit chez Marc et je me suis endormie dans ses bras, mes larmes coulant sur son torse velu. Avec une pensée pour ma mère qui nous avait quittés depuis déjà quelques années.

Durant deux longues années, j'ai porté le fardeau de ce lourd secret. Un secret qui me rongeait jusqu'aux entrailles, qui caillassait mon cœur petit à petit.

Je me sentis alors sombrer. Tout paraissait si vague autour de moi, le vide, le néant. Plus rien n'était pareil, je savais que je ne reverrais plus ma génitrice. Je venais de perdre une motivation de mon existence. Je ne supportais plus mon père. Il ne savait rien de moi et ne voyait aucune de mes souffrances. Il était temps pour moi de partir, définitivement.

J'avais remarqué un jour, en allant chez la marraine hypocondriaque de mon frère, qu'elle possédait une valise remplie de médicaments divers. Elle m'avait demandé de l'aide pour y faire le tri. J'avais accepté. J'avais saisi l'opportunité d'être seule pour prendre plusieurs boîtes de médicaments et les ranger dans mes poches. Mon temps était désormais compté.

C'est le lendemain, après le cours de sport avec notre professeur vicelard qui aimait toujours entrer dans les vestiaires des filles pour nous regarder nous changer, que j'ai décidé de passer à l'acte. Dans le couloir, en attendant le professeur suivant, j'ai avalé le contenu des boîtes de médicaments que j'avais pu voler la veille. Je pensais que les effets se feraient sentir tout de suite. Je m'étais trompée.

Ce n'est que quelques minutes plus tard que j'ai commencé à avoir la tête qui tourne, que mes paupières se sont fermées, je me suis mise à faire des microsiestes. En rentrant chez moi à la pause du midi, je me souviens avoir marché en direction de mon domicile avec cette forte sensation de fatigue, avec des vertiges. En pénétrant dans l'appartement dont j'avais eu toutes les peines du monde à ouvrir la porte, j'ai posé mon sac, suis allée dans la cuisine, ai pris une assiette.

C'est mon dernier souvenir.

Quand je me suis réveillée, j'étais à l'hôpital.

8

D'hôpital en hôpital

J'ouvris les yeux avec difficulté. Le mal de crâne se faisait ressentir. Autour de moi, les murs étaient blancs. Une télévision devant moi, un plateau à côté avec un cardiogramme posé dessus. J'ai rapidement compris que j'étais toujours en vie. Je me suis mise à pleurer car je n'étais même pas capable de réussir à mourir. Je m'en voulais beaucoup. Le médecin est entré dans ma chambre et m'a annoncé que je venais de faire une tentative de suicide par overdose. Les médicaments que j'avais ingérés en quantité excessive étaient un traitement pour le cerveau et le cœur. J'avais été prise en charge à temps.

En fait, après être rentrée chez moi, j'étais retournée au collège. Mais je n'en ai aucun souvenir. C'est en pénétrant dans l'enceinte de l'établissement que je m'étais écroulée et que les surveillants avaient appelé les secours qui m'avaient transportée à l'hôpital.

J'aurais voulu être morte. J'ai regardé par la fenêtre, déçue ! J'étais si près du but…

Je suis restée trois jours à l'hôpital en compagnie d'autres jeunes suicidaires de mon âge. Je me sentais dans mon élément, avec des jeunes qui me comprenaient. Durant ces trois jours, mon père n'est pas venu me voir. Pensez donc ! Quelle honte de rendre visite à sa progéniture qu'on n'a jamais désirée ! Quelle honte de devoir dire à son entourage que sa progéniture a voulu se foutre en l'air !

Malgré tout, à mon retour dans l'appartement familial, mon père tenta d'être à mon écoute durant une petite semaine. Mais il n'était pas à l'aise. C'était trop dur pour lui de faire semblant d'être gentil avec moi. Le répit fut de courte durée. Il reprit rapidement ses habitudes : me hurler dessus, m'humilier de nouveau, me dénigrer. Comme il refusait constamment de m'acheter des habits neufs parce que, soi-disant, je n'en avais pas besoin, je commençai à voler dans les magasins de vêtements. Je ne voulais plus être une fille de classe moyenne, je ne voulais plus être une Gibert. Pendant un an, chaque week-end, j'allais voler des affaires pour m'habiller. Il était hors de question que je subisse à nouveau les moqueries des autres élèves ou que je ressente le froid entre mes orteils car je n'avais pas de chaussures adaptées.

Et dans cette descente aux enfers, je commençai à me droguer. La sensation du joint dans mes poumons et dans ma tête me faisait planer. Cela me soulageait d'être dans un monde calme, apaisé, un monde où il n'y avait plus de souffrance. Juste de la sérénité. J'avais quatorze ans. Je venais de découvrir le cannabis.

Je fis aussi la rencontre d'un garçon de mon quartier dont le côté mystérieux me plaisait. Je tombai rapidement sous son charme.

L'été venu, nous sommes retournés à Forges-les-Eaux. Chaque endroit où je passais me ramenait à mon histoire avec Jordan. Rien n'était comme avant, rien. Ou plutôt, si. Car Brice continuait son travail de sape

Sur Facebook, une amie m'avait envoyé un message :

— Fidji ? Tu es allée sur le compte de ton frère ?

— Non pourquoi ?

— Va voir ! C'est dégueulasse ce qu'il a fait.

Il avait posté une photo de moi, prise quelques mois plus tôt. Une photo qu'il avait retouchée et sur laquelle il avait ajouté des rides, des boutons d'acné, mais surtout un commentaire odieux :

1 J'aime = 1 euro pour une chirurgie esthétique.

Il y avait des centaines de « J'aime » avec des commentaires à me faire vomir. Quant à Johan, il contribuait à amplifier le phénomène.

Allez, aimez les gens, elle est moche, il faut l'aider. Elle est tellement grosse MDR.

Quand j'ai éteint mon téléphone, mon pouls s'est accéléré d'un coup, mes mains tremblaient. Je me suis empressée d'aller chercher ma lame de taille-crayon, je me dégoûtais. Je voulais hurler, taper dans les murs, mais ma famille ne devait pas voir ma souffrance, encore une fois. Je me suis alors concentrée sur ma jambe gauche et je l'ai taillée jusqu'au sang en y écrivant : « FAT ». La plaie était vraiment béante, le sang ne cessait de couler. Mais il fallait au moins cela pour me calmer. Je me sentais grosse, immonde. Je n'avais envie que d'une chose : me cacher du reste du monde.

Dans la soirée, en allant aux toilettes, je me suis assise sur le sol en regardant les toilettes. Je me suis agenouillée face à la cuvette. J'ai glissé un doigt au fond de ma gorge. J'ai ressenti un étouffement, un haut-le-cœur. J'ai vomi. J'ai alors glissé un deuxième doigt au fond de ma gorge et automatiquement, mon repas du soir est parti dans la cuvette. Cette sensation, l'odeur des aliments broyés par mon acide gastrique était désagréable. La sensation de faim à nouveau, mes yeux recouverts de mascara par mes larmes. Je venais de faire ma première crise boulimique.

Je passai l'année à me faire vomir tous les midis après avoir mangé, ainsi que tous les soirs. Il était dur de me contrôler tant la sensation de faim était intense. Mais après avoir mangé de grandes quantités d'aliments, je le regrettais rapidement. Je me retrouvais à nouveau en guerre contre moi et mes démons. Mais j'étais satisfaite de voir que mon physique changeait, de voir mes côtes devenir saillantes, mes joues se creuser.

Enfin présentable, « enfin baisable » avais-je même entendu derrière mon dos, je trouvais la force de vouloir poser comme modèle photo, malgré le désaccord de mon père. La photo me plaisait. Je voulais aller plus loin dans cet univers. C'est un ami photographe qui m'a fait comprendre que j'avais un potentiel en tant que modèle et que je pourrais aller vraiment loin dans ce domaine. Je n'avais dès lors plus que cette idée en tête. Montrer aux autres élèves que j'étais belle, que je n'étais pas comme eux et que je pouvais réussir dans le monde de la photo.

Au départ, j'ai juste posé habillée, en extérieur. Et plus j'enlevais un morceau de tissu, plus j'avais confiance en moi, confiance de pouvoir montrer ce que je pensais dégoûtant, montrer une beauté qui était cachée par mes démons. Grâce aux réseaux sociaux, je fus rapidement demandée par beaucoup de photographes amateurs. Je passais de nombreux week-ends à travailler mon potentiel. Lingerie, urbex, topless caché ou non caché, nu, body-paint. Je compris rapidement que j'avais un potentiel séducteur.

Plus jamais maintenant personne ne pourrait juger mon physique. Je me trouvais belle, m'affirmais en prenant soin de moi. Je m'épilais les sourcils, le maillot. Je me maquillais, faisais des soins de cheveux. Et les avis positifs de mes fans et de mes photographes me confortaient. Je venais de trouver une passion.

Malgré l'obtention de mon brevet avec mention, malgré une année riche en émotions et en troubles psychologiques, je ne cherchais pas le soutien de mon père. De toute façon je savais qu'il ne me l'aurait encore une fois pas apporté. Je dus, cette année-là, passer une partie de mes vacances d'été seule dans mon quartier. Et, une fois rentrée dans l'appartement, subir les coups et les insultes de mon père, et celles de mon frère aussi.

Encore une fois, celui-ci me poussa à bout et je fuguai pour la première fois chez Élise, une copine d'enfance. Sa mère était médecin. Elle prit la décision de m'envoyer aux urgences après que je lui eus raconté quelques détails de ma vie. Je lui faisais confiance. J'allai donc à l'hôpital où on me conseilla de venir dans un foyer d'accueil pour enfants en difficulté ou, comme moi, maltraités. Je ne pouvais plus rester chez mon père, il me détruisait petit à petit. Et au fond, je ne voulais pas mourir. Je voulais juste qu'on m'écoute.

À l'hôpital, comme après ma tentative de suicide, je retrouvai les mêmes aides-soignantes et de nouvelles têtes de suicidaires, comme moi. Je pris rapidement des repères mais la consommation de tabac m'avait fait sombrer dans la dépendance. Comme je n'avais pas le droit de descendre seule pour fumer, les aides-soignantes me calmaient du mieux qu'elles pouvaient en me posant des patchs qui me rendirent rapidement allergique.

C'est après plusieurs jours d'internement que le personnel médical m'avertit de la présence de mon père qui souhaitait me rendre visite. Je demandai immédiatement qu'il parte. Je ne voulais pas le voir. Mais en tournant la tête, je vis mon père en appui sur sa béquille. Il avançait au fond du couloir et arrivait dans ma direction. Je le sentis inquiet.

L'aide-soignante me redemanda alors :

— Souhaites-tu lui parler ?

C'est avec beaucoup de haine dans les yeux que je répondis fermement :

— Non.

Les jours passèrent à l'hôpital, je me sentais de plus en plus affaiblie par le manque de tabac. Mon état se dégradait. Alors un matin, on me dirigea vers une autre structure où je pourrais fumer. Un endroit où je pourrais attendre tranquillement une place en foyer. Ce serait toujours mieux, loin de mon père. Mais en arrivant dans cette nouvelle structure je vis une infirmière blonde assez forte, à lunettes. Elle m'accueillit d'un ton ferme. Elle prit ma valise et m'amena, après avoir passé des portes blindées qui s'ouvraient à l'aide de badges, dans une pièce où elle commença à me poser de sérieuses questions. À côté, dans un salon avec un écran plasma, des jeunes étaient assis sur des canapés. Ils ne parlaient pas, ils me considéraient comme une bête de cirque.

Dans ma nouvelle chambre, je découvris un petit lit, un bureau, une armoire et une grande salle de bains avec douche à l'italienne. Très vite, l'aide-soignante prit l'initiative d'ouvrir ma valise et de la retourner pour voir si elle ne contenait pas d'objets tranchants. Elle prit mes ciseaux, mon rasoir et mon compas. Elle me lança un drôle de regard. Pendant qu'elle me parlait doucement, je remarquai que dans cette pièce qui allait devenir mon nouveau lieu de vie, les fenêtres n'avaient pas de poignée. Impossible de les ouvrir. Impossible de s'échapper. Je compris que je venais d'arriver en pédopsychiatrie. Encore une fois, je m'étais fait avoir par le personnel de santé.

Après avoir rangé mes affaires, je me dirigeai vers les autres jeunes pour faire connaissance. Tous étaient là pour différentes raisons : anorexie, tentative de suicide, scarification, tocs à la propreté. Moi, je ne savais pas ce que je faisais ici. Je me faisais du mal, certes, mais j'avais juste fugué. Je cherchais simplement un foyer ! Je ne comprenais pas mon arrivée dans cette structure où je n'étais pas à ma place.

J'ai passé deux mois et demi enfermée dans cette structure, sans repères ni personne pour venir me voir. Deux mois et demi pendant lesquels je me suis liée d'amitié avec chacun de ces jeunes, sauf une qui avait un ego surdimensionné. Petit à petit, j'avais pris la place de leader du groupe. Et si eux avaient régulièrement la visite de leurs parents, moi, personne n'est venu me voir.

Alors j'ai aidé quelques filles qui étaient au plus mal. Mais souvent le personnel me rappelait que ce n'était pas mon rôle. « Mais vous ne faites rien pour ces filles ! Vous leur bousillez le crâne avec ce foutu Atarax ! Vous ne savez rien d'elles ! Elles sauront s'en sortir sans vous, comme moi, je m'en sortirai sans vous. » Car les aides-soignants ne sont jamais arrivés à me faire parler, raconter ma vie, mes blessures. Même la psychologue n'y est pas parvenue.

Et plus les jours passaient, plus je me rendais compte que je sombrais dans la folie à force d'être enfermée dans cette structure. Je passais mon temps à penser et, dès que je faisais une crise, je jetais tout ce que j'avais à portée de main : matelas, sommier, chaise, table. Tout ce que je pouvais jeter pour expulser ma colère sortait de ma chambre. Les aides-soignants me calmaient sous

Atarax, ce fameux médicament qui fait dormir lors de moments de forte agitation. Ce médicament qu'on utilise chez les fous. Parfois, la seule menace de la camisole et d'être attachée toute une nuit aux barreaux de mon lit me permettait de me calmer.

C'était également devenu trop dur de voir les autres jeunes se scarifier devant moi, s'enfermer des heures dans la salle de bains pour libérer leur souffrance. Voir certaines filles se faire vomir ou d'autres avoir des crises d'angoisse qui les amenaient à des tentatives de suicide et à se faire camisoler. Je savais que je n'étais pas seule à vivre cette souffrance, mais voir les autres jeunes mourir à petit feu était trop dur à supporter au quotidien.

Un soir, après le repas, alors que j'étais sous la douche, j'ai entendu toquer à ma porte. En ouvrant, j'ai vu mon amie Laurie, le visage couvert de sang. Elle venait de s'infliger des coupures au visage

— Fidji… aide-moi !

Devant son visage ensanglanté, j'étais en panique. Mon corps hurlait la souffrance, mes yeux versaient un torrent de larmes. J'étais en panique mais j'ai vite ôté la serviette qui était autour de ma taille pour l'appliquer sur son visage. Certainement alerté par mes cris, un aide-soignant est arrivé et l'a prise en charge, me laissant seule, nue, dans l'entrebâillement de la porte.

Je n'en pouvais plus de cette vie. Je n'avais qu'un souhait, revoir la lumière du ciel, l'air frais qu'on respire en se baladant dehors, entendre à nouveau le bruit des voitures et des motos, retrouver le plaisir du sexe, des amis, de la vie. Je voulais sortir, quitter cette prison. Alors j'ai ouvert mon placard à vêtements et j'ai pris mon foulard pour en faire une corde. Le radiateur était assez haut pour que je tente le pire.

J'ai fait un nœud solide, puis un second nœud.

J'y ai glissé la tête. J'ai grimpé sur la chaise.

J'ai serré le foulard, très fort.

Je commençais à suffoquer, mes pieds ont fait trébucher la chaise sur laquelle je m'étais appuyée. Mes pieds étaient dans le vide, mon corps entier était dans le vide, maintenu par ma tête, dans ce foulard. J'étouffais, je suffoquais, je n'arrivais plus à reprendre mon souffle. J'étais prise au piège par mes propres démons. Mes petits cris étaient mon seul espoir pour sortir de cette tentative de suicide. Puis je vis par le hublot de la porte la tête de l'interne qui me regardait. Il haussa les sourcils, comme s'il n'était pas inquiet, comme si ce n'était pas la première fois qu'il vivait ce genre de situation.

Il entra, défit le nœud à temps car je sentais mon cœur ralentir. Je vis une lumière se rapprocher de moi, mes paupières commençaient à se fermer. Libérée de cette emprise, je cherchais le maximum d'oxygène possible pour aérer mes poumons. Je reprenais peu à peu mes esprits. Je venais de rencontrer la mort. Elle était si belle, je voulais la rejoindre. Si seulement cet infirmier n'était pas entré !

Dès lors, le plaisir de rencontrer à nouveau la mort me tenta. Je me scarifiais dès que je le pouvais, me faisais vomir, hurlait à en briser mes cordes vocales. Je cassais tout ce qui me tombait sous la main. Je ne me reconnaissais plus, je ne savais plus qui j'étais depuis que j'étais entrée dans ce service de pédopsychiatrie.

Fatigués, les aides-soignants m'avaient enfermée deux jours dans ma chambre avec pour seul mobilier un matelas au sol et une couette. J'ai passé deux jours enfermée, pendant lesquels ils m'apportaient mes repas, m'ouvraient les toilettes pour que j'aille y faire mes besoins. Et régulièrement, ils venaient me donner des antidépresseurs. J'ai passé deux jours assise sur mon matelas, à ne parler à quiconque. Quand les aides-soignants entraient, ils tentaient de me faire parler, en vain. J'avais compris que je resterais enfermée encore longtemps chez eux. Cette idée m'était insupportable

Pourtant, j'avais encore cette force à l'intérieur de moi de me dire qu'il fallait que je me sorte de cette merde dans laquelle je m'étais mise. Deux mois que j'étais enfermée chez les fous. J'avais découvert un monstre qui était caché en moi et qui me dégoûtait. Mais aussi des monstres qui nous traitaient comme des animaux. Pour sortir de là, ma seule issue était mon père. Plusieurs fois il avait voulu me rendre visite. Je n'avais jamais accepté. Plusieurs fois il avait tenté de me joindre par téléphone. J'avais toujours refusé. Mais après ces deux mois d'enfer, quand l'aide-soignante est entrée dans ma chambre pour me prévenir que mon père souhaitait m'avoir au téléphone, j'ai accepté.

Elle m'a fait entrer dans la pièce fermée où se situait le téléphone et m'a laissée avec un regard me disant d'être courageuse. J'ai pris une grande inspiration. Le téléphone a sonné, mon père était à l'autre bout du fil :

— Comment tu vas ?

— Ça va.

— Écoute, je suis désolé pour tout ce qui a pu se passer. Je ne voulais pas qu'on en arrive là. Tu sais que je t'aime pourtant ! Je ne te montre peut-être pas mon affection, mais je t'aime Fidji. Tu es ma petite fille, tu sais…

— …

— Il faut que tu reviennes à la maison Fidji… Tu ne peux pas rester là, hein ? Qu'est-ce que tu vas devenir Fidji ? Il faut te battre, tu dois avancer et te battre, merde ! On est une petite famille, il faut être soudés. Rentre à la maison, on fera en sorte que ça se passe mieux.

— Tu me le promets ?

— Oui, promis !

— Je t'aime papa.

— Moi aussi je t'aime, ma fille. Allez, on va faire le nécessaire. Sois forte en attendant.

9

Nouvelle vie et case départ

En raccrochant, j'ai fondu en larmes, ne prenant pas encore la mesure des mots que venait de prononcer mon père. Le mot « Je t'aime » était sorti de sa bouche ! Je comprenais enfin que j'allais sortir de ce trou à rats.

Mon père arriva avec difficulté à convaincre le personnel soignant de ma sortie hors du service de pédopsychiatrie. Mais il y parvint. À mon retour à la maison, la tapisserie de ma chambre avait été changée. Je n'avais plus de mezzanine mais un clic-clac en guise de lit, et de nouveaux meubles. Une chambre d'adolescente. J'étais heureuse de savoir que mon père avait fait des efforts pour moi, que mon père ait enfin compris qu'il allait me perdre définitivement à cause de mes nombreuses tentatives de suicide.

Peu de temps après, je suis entrée au lycée, en seconde générale, dans l'un des meilleurs établissements de France. J'étais si fière ! Je décidai de me consacrer à nouveau entièrement à mes cours.

Mais petit à petit, le côté gentil et attentionné de mon père disparut. Il était redevenu cette personne aigrie. Une remarque envers moi, puis deux, puis trois... Une insulte, puis une menace, une crise de colère à nouveau. N'avait-il toujours pas compris que l'on ne traite pas sa fille comme une moins que rien ? Je savais au fond de moi que j'étais encore capable du pire. Et le pire, je le cachais à nouveau derrière mes manches longues.

Mes amis ne savaient pas trop quoi faire pour que j'aille mieux, pour apaiser mes peines. À vrai dire, je me retrouvais à nouveau seule avec mes démons. M'être affirmée durant cette période m'avait permis de grandir et de mieux comprendre le monde. Ce monde n'était pas pour moi, je l'avais bien saisi. J'étais à nouveau coincé dans mes propres problèmes familiaux, dans mes propres démons. Je n'arrivais plus à suivre ces cours si difficiles et à gérer le lourd poids de mon père et de mon enfance détruite. C'en était de nouveau de trop.

Et pourtant, j'avais rigolé le jour où la conseillère d'orientation m'avait dit avec colère en remarquant les coupures sur mon bras :

— Tu te rends compte que tu peux en mourir ?

Je lui avais ri au visage, lui confirmant que c'était mon souhait. Et ce qui était le plus drôle, c'est que mon père ne savait toujours pas pour mes coupures. Ni le collège ni le lycée ne l'avaient prévenu.

Un soir, en rentrant d'une dure journée de cours au lycée, je dus encore subir les insultes de mon frère et de mon père. Je pris alors la décision, pour ma famille, pour le lycée, pour tout le monde, de quitter cette ville définitivement. Pour aller où ? À vrai dire, je n'en savais rien. Je connaissais du monde dans le Val-d'Oise. Je me disais alors que je me sentirais mieux auprès d'eux et qu'ils sauraient peut-être m'apporter soutien et réconfort. Je fis ma valise en toute discrétion, surveillant chacun des pas et gestes que pouvait faire mon géniteur. Comme lors de ma première fugue.

Ma valise était bouclée. À l'intérieur, un manteau pour le froid la nuit, des vêtements de rechange, ma peluche pour me rappeler ma mère, mon ordinateur. J'étais prête. Nous vivions au rez-de-chaussée. La valise ne s'est donc pas abîmée quand je l'ai jetée par la fenêtre. Il était environ 18 heures. Je lançai à mon père que j'allais vider la poubelle et hop, ce fut le grand moment. J'allais partir à Paris pour fuir, fuir la maltraitance morale et psychologique que je subissais, fuir les élèves, fuir le monde entier, fuir mes démons, encore une fois.

Après plus de deux heures de trajet je suis arrivée à la gare Saint-Lazare. *Bon, et maintenant ?* J'ai marché sans savoir où aller.

Je n'avais que quinze ans.

Je n'avais que quinze ans et j'étais à la rue, avec peu d'argent sur moi et la peur au ventre de me faire agresser par un inconnu. Je marchais donc, ne sachant pas où aller ni où m'asseoir. La nuit commençait à tomber sur Paris. J'ai décidé de me réfugier dans un bar-restaurant jusqu'à sa fermeture. J'ai demandé un verre d'eau au serveur qui, dès qu'il a eu un peu de temps libre, a engagé la conversation avec moi :

— Pourquoi tu ne rentres pas chez toi à cette heure ?

— J'ai fugué.

— Mais tu es folle de faire ça à ton âge ! Tu devrais rentrer chez toi. Je suis sûr que tes parents sont morts d'inquiétude.

— Mon père seulement, mais je m'en fous. De toute façon, il se fout de moi. Il ne fait que me rabaisser, me frapper. Je préfère être à la rue plutôt que devoir subir ses humiliations de nouveau.

Cet homme avait bien compris que je resterais sur mes positions. Il ne savait pas quoi faire hormis me laisser dans le bar jusqu'à sa fermeture, pour ma sécurité. Quand l'établissement ferma, j'eus l'espoir que quelqu'un viendrait m'aider. En vain. Que ce serveur me proposerait une solution. Il était un peu plus de

1 heure du matin. J'étais dehors, valise à la main. Les rues étaient froides, je commençais à ressentir la peur au fond de moi. Je suis entrée dans un autre restaurant, encore ouvert à cette heure tardive. Les larmes coulaient sur mon visage. Un serveur s'est approché de moi pour prendre ma commande. Il était grand, typé et très beau. Je lui ai expliqué ma situation. Aussitôt, il a pris l'initiative de m'aider en parlant à son responsable de ma situation et en lui demandant l'autorisation de rentrer plus tôt pour me permettre de dormir chez lui. C'était un inconnu, j'avais peur. Je n'étais plus à ça près de toute façon. Je venais d'être sauvée par un inconnu qui avait l'air plutôt fiable.

Mais je soupçonne le responsable du restaurant d'avoir prévenu la police car au moment où nous allions sortir, il s'est mis à crier que nous devions partir le plus rapidement possible. Nous avons donc couru jusqu'à la première station de métro, mon sauveur avait ma valise sous le bras. Il venait de changer de visage : de l'homme élégant et bien habillé qu'il était, il s'était transformé en homme de la rue. Il a franchi les barrières du métro d'un bond souple et gracieux. J'étais impressionnée, mais je n'arrivais pas à l'imiter. J'ai eu toutes les difficultés du monde à passer par-dessus.

Nous sommes arrivés à destination, dans le treizième arrondissement. Paul m'a fait entrer dans son appartement où vivaient deux autres colocataires.

C'était des étudiants. J'étais gênée, pas du tout à ma place. J'avais aussi très peur de ce qui pouvait se passer en tant que seule fille entassée avec trois hommes dans vingt mètres carrés. Il était 4 heures du matin, j'étais épuisée. Il était temps d'aller dormir. Paul a gonflé un matelas pour que je puisse dormir. Je ne savais pas qu'il dormirait à mes côtés. Je me sentais intimidée, ne sachant pas quoi faire, la boule au ventre en imaginant le pire. Je décidai alors de dormir habillée.

Paul se déshabilla devant moi. Je vis un corps masculin taillé comme un mannequin. Un corps que nous ne voyons que dans les publicités tant il était beau. Ses abdominaux étaient parfaitement dessinés, il avait des jambes de rugbyman. Mais la fatigue me fit tomber dans la somnolence. Pourtant, je sentis une main glisser sur le bas de mon ventre. Je restai figée, ne sachant pas quoi faire à part lui tenir la main pour le supplier de ne pas la descendre. Paul respecta mon choix et s'endormit. Moi aussi.

Il était un peu plus de 10 heures quand je me réveillai pour aller acheter des cigarettes. En sortant de l'immeuble je croisai un SDF qui dormait sur le trottoir. Je mis un long moment à trouver un bar-tabac, si bien qu'à mon retour, je trouvai Paul dehors, en panique. Il était en colère et il me cria de partir car la police, une fois de plus prévenue par son patron, allait débarquer. Il me jeta ma valise dans les bras, sans me dire au revoir.

J'étais de nouveau dans la rue et comme je n'avais pas pris mon portable de peur d'être localisée, je demandai à un homme croisé par hasard de me prêter son téléphone pour appeler un ami d'enfance.

— Allô José ?

— Fidji ?

— Viens me chercher s'il te plaît, je suis à Paris, à la rue !

— Qu'est-ce que tu fous à Paris toute seule ? Tu m'expliques ?!

— Pas le temps, il faut que tu m'aides. Viens me chercher devant la gare Saint-Lazare.

José fit ce que je lui avais demandé. On se retrouva quatre heures plus tard sur la grande place de la gare Saint-Lazare. José prit mes valises pour m'accompagner chez lui lorsqu'il reçut un appel de menace de mon frère, qui disait que je devais rentrer. Ne voulant pas plonger José dans les ennuis, j'acceptai en ronchonnant, courant à nouveau vers le premier train pour la Normandie

Deux jours de calvaire pour revenir à la case départ. Ma déception était grande, ma souffrance, immense. Mais je restais convaincue que je ne voulais pas retourner chez mon père. Je regardais la capitale s'éloigner. Qu'allais-je devenir ?

Arrivée à Caen, je pris l'option d'aller vivre chez la marraine de mon frère. Elle était la voisine de mon père. Mon père ne savait plus quoi faire de moi. Je poursuivis malgré tout mon année au lycée, mes notes dégringolaient. Et je n'y accordais plus aucune importance. Je continuais de vivre pour vivre, respirer cet air étouffant, voir les gens heureux. Je ne supportais plus ce qui se passait autour de moi.

Au bout de deux semaines, j'étais rentrée chez mon père, mais je passais le plus clair de mon temps avec des délinquants du quartier. Le joint était mon seul moyen de me détendre et de fuir ce monde. La photographie était devenue mon seul plaisir. Trouver la personne qui pourrait me sortir de ce merdier était devenu de plus en plus important. Car, partie à la recherche du bonheur, j'avais encore échoué.

Puis mon père prit l'initiative de m'inscrire dans un lycée professionnel. Un niveau moins élevé que les études générales, mais qui allait me permettre, selon lui, de me diriger avec un diplôme vers la vie active. Je n'en avais pas envie. Je ne voulais pas reprendre les cours dans un nouveau lycée.

À la rentrée scolaire, je me retrouvai donc en seconde scientifique technique et sociale, dans une classe de trente filles, avec un seul garçon. Je savais que ce ne serait pas une bonne année pour moi étant donné le nombre important de filles toutes identiques, ne pensant qu'au maquillage et à critiquer les autres filles. Je parvins tout de même à me lier d'amitié avec Solène. Elle était réservée, intelligente. Elle avait un humour semblable au mien. Les cours étaient de mon niveau, j'arrivais à m'en sortir malgré les critiques de ma famille. Je ne parlais pas à tous les élèves de ma classe puisque j'avais rapidement repéré celles qui me jugeraient sans me connaître.

Et puis un jour, la classe se ligua contre moi, le lycée changea de regard sur moi, il semblait choqué. *C'est quoi encore ce merdier ?* m'étais-je demandé ce matin-là, en arrivant dans l'établissement. Je passai la journée seule avec Solène, sans comprendre pourquoi les élèves me regardaient comme ça. J'appris peu après dans la soirée que mes photos de shooting, qui étaient sur ma page professionnelle Facebook, avaient été diffusées sur Twitter. Comme je n'avais pas de compte sur ce réseau, une amie avait fait une capture d'écran de la page et me l'avait envoyée. J'étais sous le choc, à nouveau outrée. Je lus les commentaires : « Boule de crasseuse » ; « Elle n'a pas honte ? » ; « Salope » ; « C'est sa mère qui l'a prise en photo ! » ; « Elle a l'air d'être bonne. »

Toutes ces rumeurs à mon égard, ces propos vis-à-vis de ma mère, tous ces jugements inhumains… Comment les élèves pouvaient-ils être aussi cruels ?

Pour me soulager de cette énième persécution, je ne voulais pas tomber dans la scarification. Mon corps était anéanti par les cicatrices sur mes bras, sur mes jambes, sur mon ventre, sur mes doigts, sur mes hanches. Mon corps était meurtri par les humiliations de mon père et du collège… Je pris l'initiative de croire que la directrice saurait faire le nécessaire.

— On ne peut pas t'aider, on ne sait pas qui a diffusé ces photos, et puis tu as qu'à ne pas être une racaille, tu aurais moins de soucis !

Une *racaille*. Voilà comment la direction de ce lycée me considérait. L'établissement refusait de m'aider, sauf un enseignant. Il avait cette capacité de m'écouter, de me comprendre ; ce qui me permettait de tenir encore un peu moralement. Le professeur de chimie accepta que je parle devant la classe à la fin de son cours afin que je mette les choses au clair sur ma passion, et pour expliquer qui j'étais réellement. Mais en vain, les élèves n'en tinrent pas compte. Pour s'intégrer dans un groupe social, pour ne pas se sentir seuls – comme moi –, ils étaient prêts à tout.

Mon père ne supportait plus mes problèmes scolaires. Jugée pour qui j'étais, battue pour ma différence, je n'étais pas comprise. Les études n'avaient plus d'importance à mes yeux, je ne supportais plus de passer dans les couloirs et d'entendre dans mon dos : « Sale pute. » Je quittais le lycée dès que je subissais des moqueries ; encore une fois, je préférais fuir plutôt que de mettre à nouveau ma santé mentale en danger. Mon père ne voyait pas mes absences qui étaient de plus en plus nombreuses. Le soir, je sortais avec mes amis de la rue, découvrant de nouvelles substances stupéfiantes susceptibles de soulager ma douleur.

— Je te le coupe en deux car ça pourrait être dangereux pour toi. Surtout, ne mange pas et ne bois pas après !

— Mais comment !? Je suis pas une chochotte ! Envoie.

Sans hésitation, je pris alors ce cachet qu'on utilise pour stopper l'envie de consommer de l'héroïne, l'écrasai et en fis une ligne que je sniffai à l'aide d'une paille. Peu de temps après, je me sentis planer, sourire sans aucune raison, puis vomir mes intestins plusieurs fois.

Mes soirées se passaient à traîner dans la rue de la Soif de ma ville avec d'autres jeunes désœuvrés. Nous avions la même haine envers le monde. Avec eux, je me sentais comprise, je me sentais forte. Je découvrais la consommation de cocaïne et de « bubu ». J'aimais planer et m'endormir tout de suite, comme si plus rien n'existait, à part le vide. Je passais mes soirées à me droguer avec Nabil. Nous étions proches, nous nous comprenions. Un soir, il m'amena dans son squat situé près de la gare. Face à moi, un grand portail vert. Nous sommes entrés dans un appartement nauséabond. Mon allergie aux poils de chat s'est fait ressentir. Mes yeux me piquaient, mon nez coulait, mes poumons se compressaient. Il faisait tout noir, il faisait froid. Il n'y avait ni chauffage ni éclairage. Un chat noir vivait ici. Nabil m'a expliqué qu'un ami à lui était en convalescence chez sa mère et que c'était son appartement. Son ami lui avait demandé de surveiller son chat. En échange, il lui laissait les lieux. Nous avons dormi ensemble, sur un matelas sans drap. Nous nous sommes endormis alcoolisés et assez drogués pour plonger dans un sommeil sans douleur psychique.

Quand je me suis réveillée à l'heure où j'aurais dû être en cours depuis bien longtemps, j'ai souri. Plus personne n'avait d'ordre à me donner. J'étais libre de faire ce que j'avais envie de faire, pour le plus grand malheur de mon père qui me voyait de moins en moins. Et à vrai dire, il ne se donnait plus la force de me courir aux fesses.

Quand je me suis levée, j'ai visité ce logement où je venais de passer la nuit avec Nabil. Un parquet abîmé, un beau canapé « Château d'Axe » déchiré par les griffures du chat, une cuisine encrassée par les moisissures. Des tasses, des bols remplissaient l'évier. La litière du chat était couverte de selles nauséabondes. Dans la salle de bains, un évier entartré, un panier rempli de vêtements sales, une baignoire cassée. Dans le salon, une vieille télévision, du matériel à chicha, du cannabis, des bricoles en tout genre. Quant aux toilettes, je préfère ne pas en parler. Je venais de dormir dans un appartement plus qu'insalubre. Il était invivable. Mais c'était un toit où dormir. Cet endroit allait devenir mon squat.

Nabil et moi avons passé plusieurs nuits dans ce squat jusqu'à ce qu'un matin, il m'annonce que le locataire comptait lui rendre visite pour vérifier si son chat allait bien. Nous avons donc rangé un peu l'appartement et attendu qu'il arrive.

10

Le procès de mon père

Je vis cet homme arriver. Il était grand, brun. L'air sérieux. Les mains dans les poches, il avançait d'un pas assuré. Le genre de personne qui n'a pas honte de montrer sa grandeur.

Nous sommes montés dans l'appartement. Il avait l'air satisfait de l'état des lieux et de la bonne santé de son chat. Il s'appelait Thomas. Il vivait chez sa mère qui était en convalescence. Il avait vingt-sept ans. Pour nous remercier, il nous proposa de venir chez sa mère et de nous offrir un verre. Ce que nous avons fait.

Nous sommes entrés dans un immeuble résidentiel réservé aux personnes handicapées. Il y avait une première chambre désordonnée, une seconde, fermée, réservée à sa mère, une petite salle de bains rangée, un beau Balatum au sol. Dans le salon, un canapé clic-clac, une petite cuisine équipée, une litière et une table servant pour manger et fumer. Un beau balcon avec vue sur le grand parc du quartier. Dans cette pièce moderne, je fis la rencontre de sa mère qui était atteinte d'une maladie neurodégénérative : Huntington. Des auxiliaires de vie passaient trois fois par jour sept jours sur sept. Nous avons pris un verre et avons passé la journée à discuter tous les quatre.

À la nuit tombée, comme il n'y avait plus aucun tramway pour rentrer au squat, Thomas nous a proposé de rester. Nous avons passé la nuit tous les trois dans un clic-clac. Deux hommes partageaient mon lit mais nous nous sommes endormis sans aucune arrière-pensée. Nous avons quitté Thomas tôt le lendemain matin. Moi, je suis repartie en cours en traînant des pieds, Nabil, dans son squat. Ne sachant pas où aller, Thomas m'a proposé de repasser le voir si je voulais. Je suis donc revenue ce soir-là, comme les jours qui ont suivi. Dès que je pouvais fuir les moqueries du lycée, je partais me réfugier chez Thomas pour qui je commençais à éprouver de l'attachement.

Il m'avait raconté qu'il n'avait jamais connu l'amour de ses parents, qu'il avait toujours dû se débrouiller seul, qu'il était en recherche d'emploi mais que la société l'avait toujours repoussé. Je me sentais comprise à ses côtés. Derrière son apparence d'homme séducteur se cachait une personne sensible, forte, capable d'aimer quelqu'un avec sincérité. J'étais devenue aveuglément amoureuse de cet homme qui n'attendait, comme moi, que l'amour et le soutien d'une personne au quotidien. Son entourage ne voyait pas forcément notre relation d'un bon œil à cause de notre différence d'âge, mais il nous voyait heureux. C'était tout ce qui comptait.

J'ai raconté mon parcours à Thomas. Il était mon confident, mon amant, l'homme avec qui j'ai fini par partager mon quotidien. Nous étions devenus inséparables, amoureux, j'étais heureuse. Je passais mes nuits chez Thomas, il n'a pas hésité à m'accompagner pour rencontrer mon père afin que je puisse prendre quelques affaires.

— Tu sais que ce que tu fais avec ma fille n'est pas légal ?

— Elle a seize ans monsieur, elle a le droit de faire ce qu'elle veut.

— Je ne te laisserai pas lui pourrir la vie. Tu as vu ta gueule ?

— …

Sous la pression de mon père et de mon frère aîné, Thomas n'a pas su que répondre. Alors nous sommes partis rapidement, main dans la main, unis. Plus rien ne pouvait nous atteindre. Nous étions deux face au monde. Dieu que je me sentais bien, Dieu que je me sentais forte à ses côtés. Thomas et moi ne faisions plus qu'un. Le temps passait, je séchais les cours pour mon petit ami.

La directrice me renvoya sans mon accord de ce lycée monstrueux. Qu'allais-je devenir ? J'étais inquiète. Mais tant que Thomas était près de moi, le reste importait peu. Thomas avait ce défaut de me laisser à l'écart lorsqu'il avait une soirée familiale. Mes démons revenaient quand il n'était plus auprès de moi. Pour la première fois, je devenais dépendante d'un homme. Ne sachant pas vivre ni quoi devenir sans lui.

Après un mois de vie commune chez sa mère, nous reçûmes une convocation au tribunal de notre ville. Les services sociaux avaient assigné mon père en justice. Il allait enfin payer pour le mal qu'il m'avait fait durant quatorze années. Je m'étais préparée depuis plusieurs jours à l'affronter au tribunal où il allait répondre de ses actes de violence envers moi. Thomas m'avait soutenue. Il était toujours derrière moi, comme j'étais toujours derrière lui quand ça n'allait pas. Il m'embrassa tendrement et me souhaita un bon « merde » avant que je fasse face à mon père.

Déterminée à ce que justice soit faite, je m'étais vêtue d'une jupe crayon grise avec un haut de soie noir couvert d'un blaser noir. Je m'étais fait une queue-de-cheval afin que mes longs cheveux châtains ne me gênent pas durant l'audience. Face aux juges, je respirai profondément, pensais à mon avenir avec Thomas qui était le seul à me comprendre, à me soutenir, à m'aimer pour qui j'étais. J'étais enfin prête à faire éclater la vérité sur tous les coups que mon père m'avait donnés, toutes ces violences psychologiques qu'il m'avait fait subir. Dans cette salle d'audience, mon père semblait énervé d'avoir encore dû se déplacer à cause de moi.

La juge résuma la lettre d'appel au secours que j'avais écrite lors de ma fugue, en juin 2015. Elle demanda des explications. J'étais ravie de pouvoir tout lui révéler sans que mon père puisse me couper la parole et me rabaisser. Car elle avait pris soin de me prendre à part. Dans une autre pièce. Cette juge était rassurante. J'avais une entière confiance en elle. Je me décidai alors à lui raconter mon calvaire auprès de mon père.

— Pourquoi as-tu choisi de fuguer à Paris ?

— Eh bien parce que j'avais des connaissances dans cette ville, des amis sur qui compter, que je n'ai pas à Caen.

— Et ton petit ami, il est fiable, il te traite bien ?

Il se drogue ? Vous avez quand même une différence d'âge, tu t'en rends compte ?

— Thomas est la meilleure chose qu'il me soit arrivé, il ne se drogue pas, nous avons certes une différence d'âge mais je suis assez mature pour aimer un homme mature. Tout se passe bien dans notre relation, il me soutient quand ça ne va pas, chose que mon père n'a jamais su faire. Je vis avec lui et je suis heureuse avec lui, heureuse d'avoir quitté le domicile familial pour une vie de couple. Je me sens mieux depuis que je ne vis plus chez mon père.

— Que souhaiterais-tu, Fidji ?

— Vivre avec Thomas, il me soutient dans mes études et mon moral.

— Bon, Fidji, nous allons faire revenir ton père et je vous donnerai ma décision.

La juge fit revenir mon père, je croisai les doigts. Puis elle annonça sa décision.

— Mademoiselle Fidji Gibert est autorisée à vivre au domicile de la maman de monsieur Thomas, à Hérouville-Saint-Clair, et Thomas aura la charge de sa compagne, mademoiselle Fidji Gibert, étant donné sa minorité.

Je n'arrivais pas à le croire. Je venais de gagner l'audience contre mon père. J'étais enfin libre. Mon père n'avait plus aucune autorité parentale sur moi. J'étais libre ! Libre de pouvoir vivre. Nous pouvions,

Thomas et moi, vivre heureux, sans peur des représailles de mon géniteur.

Une page se tournait. J'étais prête à oublier mon père et à avancer vers un monde meilleur. Pouvoir accomplir les choses que j'aimais, faire de la photographie et exploiter mes compétences dans ce domaine, librement. Pour avoir des amis sans jugement, poursuivre mes études sans connaître de nouveau la pression de la réussite envers mon géniteur.

11

Thomas et moi

Deux mois déjà que je vivais avec Thomas. Nous étions heureux. Et même si nous commencions à vivre un peu dans la routine, cela nous convenait. C'est alors que Thomas m'a surprise. Je me revois encore, assise sur le canapé, lui s'approchant de moi tout en s'appuyant sur le mur. Il m'a dit :

— Fidji ! Tu aimerais avoir des enfants un jour ?

— Euh non ! Je n'aime pas vraiment les enfants.

— Parce que, tu sais, dans ma famille, mon frère est papa, ma sœur essaye d'avoir un bébé et moi, je commence à me faire vieux. Je n'ai pas envie d'être encore la honte de mon père. J'aimerais avoir un enfant de toi.

— Pardon ?

D'un coup, j'étais estomaquée. Cette demande était si soudaine, si inattendue que je lui ai répondu du tac au tac :

— Ah non, je suis désolée, il en est hors de question !

— OK, je comprends.

Thomas était visiblement déçu de ma réponse. Son visage si souriant s'était en un instant refermé. Il venait de prendre un ballon de basket en pleine tête. Assommé. Certainement surpris aussi de la réponse qui avait fusé en une fraction de seconde.

Mais j'étais ferme et objective. Je n'avais que seize ans. J'étais trop jeune, ma vie était instable et, honnêtement, toutes les conditions n'étaient pas réunies pour avoir un enfant. De plus, nous n'étions ensemble que depuis quelques mois. Il était beaucoup trop tôt pour parler bébé. Et puis Thomas était malade. Il devait régulièrement se faire des piqûres à cause de sa thrombose

Sa demande me trotta dans la tête durant plusieurs semaines. Nous étions heureux, amoureux, j'étais dévouée à son bonheur et lui était ravi que je lui porte attention. Mais lui m'en accordait de moins en moins. Thomas partait souvent en week-end chez son père, n'hésitant pas à me laisser seule avec sa mère à la maison. Et plus les semaines défilaient, plus il passait ses après-midi à dormir ou à jouer aux jeux vidéo. Notre couple se dégradait. Je le ressentais. Notre routine était devenue oppressante. Nous finissions par devenir des inconnus dans trente mètres carrés. Je ne voulais pas le perdre malgré nos disputes de plus en plus nombreuses. Je me sentais coupable. Qu'avais-je fait pour qu'il me mette de côté ? Pourquoi regardait-il sa belle-sœur avec des yeux emplis de désir ? Un regard qu'il ne portait plus sur moi.

Malgré la décision irrévocable de la directrice de me renvoyer de son établissement, je continuais de venir au lycée.

— Qu'est-ce que vous faites ici, mademoiselle Gibert ?

— Je viens en cours comme vous me l'avez demandé, madame.

— Mais tu as été virée, tu dois le savoir. Donc maintenant, tu prends ton sac et tu sors de mon établissement.

J'avais essayé. Je pris mon sac avec colère, fis un dernier au revoir à mon amie et rentrai, enragée par cette injustice. Le lycée m'avait renvoyée pour mes nombreuses absences. Mais personne dans cet établissement ne s'était posé la question de savoir pourquoi j'étais souvent absente. Ils n'avaient pas voulu m'aider car j'étais une fille des mauvais quartiers. Alors je me suis mise à détester la société. L'Éducation nationale refusait d'aider les plus fragiles. La directrice venait d'assassiner mon avenir.

Je n'avais que seize ans, rien n'allait dans mon couple, on ne voulait pas que je poursuive mes études. Qu'allais-je faire ?

Thomas n'était pas heureux de ce que je venais d'apprendre. Mais il était heureux de savoir qu'il ne m'aurait que pour lui. D'autant que je ne sortais quasiment plus. J'étais devenue femme au foyer, soumise à mon homme. Ma solitude était grande, ma déprime, omniprésente. Je pensais alors que ma vie était vouée à ceci : sucer la queue de mon amant, lui faire à manger, à lui et à sa famille, le laisser sortir pendant que je m'occupais de l'incontinence de sa mère. Mes démons revenaient de plus en plus. Je n'existais plus. Ma vie était un échec. Je n'étais plus rien.

J'avais perdu par amour la quasi-totalité de mon entourage. Mon père m'appelait rarement pour prendre de mes nouvelles. Je ressentais des efforts sincères de sa part, mais je ne lui faisais plus confiance. Je n'allais plus le voir, je préférais, pour ne plus subir de coups. Il ne me restait plus qu'à être malheureuse auprès d'un homme qui ne m'aimait plus. Je gardais malgré tout l'espoir d'un avenir meilleur, d'un avenir avec mon amant, d'une vie heureuse. Je continuais de croire que la flamme de notre couple n'était pas éteinte. Je passais deux longues semaines sans parler à Thomas, réfugiée dans mon coin. Et puis un soir, en prenant un verre avec Elona, une amie, je lui confiai mon envie d'avoir un bébé avec Thomas.

— Quoi ? Tu veux être maman ?! Mais tu es trop jeune !

— Je me sens prête. J'y ai réfléchi pendant pas mal de temps. J'ai trouvé des solutions. Ce bébé va m'aider pour mon avenir et notre couple ira mieux.

— Tu fais ce que tu veux, mais fais attention à toi. Quand je pense que je vais être tata ! Ça alors ! T'es vraiment imprévisible, Fidji !

J'étais heureuse de savoir que j'avais le soutien de ma meilleure amie. Mais je décidai de ne pas en parler à Thomas pour l'instant.

Thomas le sut peu de temps après, alors que sa mère était partie en voyage pour un mois. Un mois où nous n'étions que tous les deux. Je profitai de ce moment pour lui annoncer la bonne nouvelle.

— Thomas ?

— Oui ma chérie ?

— Tu m'as dit il y a quelques semaines que tu aimerais avoir un enfant et…

— Et j'aimerais avoir un enfant de toi.

— …

— Tu en as envie ?

— On le fait alors, ce bébé ?

Nous fîmes l'amour avec passion, unis de nouveau par les sentiments qui ressurgissaient comme au premier jour. J'arrêtai de prendre ma pilule contraceptive dès le lendemain. Thomas était heureux de savoir qu'il deviendrait papa. Moi, j'avais la boule au ventre.

J'avais seize ans.

J'avais peur, mais j'avais envie de porter la vie plus que tout au monde. Je me devais de tomber enceinte pour ne pas voir la déception dans les yeux de Thomas. J'espérais juste ne pas être stérile. Alors j'angoissais. Je réfléchis même à abandonner ce projet, mais Thomas me rassurait du mieux qu'il pouvait. Entre deux disputes, nous nous aimions d'un amour passionnel, mais destructeur. Et je n'avais aucune issue pour le bonheur, hormis cette enfant. J'avais fini par me dire que ça arriverait quand ça arriverait. Durant ce mois passé tous les deux, la solitude était devenue ma seule amie. Ma seule activité était de regarder le ciel depuis la fenêtre ou de me faire du mal, ou du bien, avec ma lame.

Un soir, Thomas organisa une petite soirée à la maison pour l'anniversaire de son beau-frère. J'étais heureuse de cette fête qui s'annonçait. Je décidai même d'acheter une bouteille de whisky avec le peu d'argent de poche que mon père me donnait. Mes liens avec lui s'étaient quelque peu améliorés et je passais le voir une fois toutes les deux semaines pour qu'il m'offre un plein de courses. Car la mère de Thomas refusait de m'alimenter : je n'étais pas à sa charge. Mes seuls repas au domicile de sa mère, c'était un œuf le matin et des restes d'assiettes le soir. Quand je revenais avec le sac de courses de mon père, je devais le lui donner en compensation du fait qu'elle me logeait. Je ne me rendais pas compte de mon amaigrissement. Mon père, lui, l'avait remarqué, et s'inquiétait de ma santé. Nous devenions chaque fois un peu plus proches avec mon père, mais pas assez pour que je lui explique que je subissais une dénutrition et une forte dépression au domicile de Thomas.

Et Thomas devenait de plus en plus indifférent avec moi. L'embellie avait été de courte durée. Il me maltraitait, m'enfonçait un peu plus chaque jour, m'ignorait totalement et ouvertement, comme ce soir où sa sœur et son petit ami vinrent à la maison. Encore une fois, Thomas me mit à l'écart pour profiter d'une soirée film avec sa famille, ne me laissant pas le droit de choisir le film. En colère, j'allai me réfugier dans la chambre avec la bouteille de whisky, déjà bien entamée par sa sœur. Je bus l'autre moitié et, une fois soûle, je mis la musique à fond dans la chambre, pour finir allongée sur le lit. Après deux heures passées à regarder son film, Thomas finit par entrer dans la chambre.

— Tu es lamentable, m'annonça-t-il en me voyant étalée sur le lit.

Je rigolais, je rigolais avec ironie. Mon état était le résultat de la souffrance qu'il me causait en me mettant toujours à l'écart. Vexé de mon rire, voyant que je ne l'écoutais pas, il prit mon téléphone et le jeta au sol. L'appareil éclata en morceaux. Mais je n'étais pas en état de crier. Notre dispute avait éclaté comme mon téléphone, c'était la première fois que nous en venions aux mains. Thomas m'agrippait à la gorge, me soulevait et m'étranglait. Puis il me jeta au sol et s'en prit à mes affaires en déchirant le peu de vêtements qu'il me restait. Mes autres affaires, il les jeta dehors.

Je sortis *illico* de cet appartement pour aller me réfugier chez une connaissance à lui dans l'immeuble d'en face. Là, je somnolai toute la nuit alors que Thomas me suppliait de rentrer à la maison en envoyant des messages à son pote. Il disait qu'il ne me ferait plus de mal, qu'il m'aimait et qu'il ne voyait pas la vie sans moi. Il était un peu plus de 7 heures du matin quand je suis rentrée chez lui.

J'étais tombé dans cette impasse de toujours lui pardonner, car je l'aimais, plus que ma propre vie. Il était heureux de mon retour, me prit dans ses bras, comme un enfant qui retrouve sa peluche, son bien. J'étais sa chose, je le savais. Mais ça me convenait. Je méritais une vie comme celle-ci. Je n'étais pas faite pour être comme les autres. Je n'aurais jamais dû naître. Thomas m'annonça à mon retour que Tristan, son meilleur ami, son dealer, passerait la soirée à la maison. J'étais plutôt satisfaite de la nouvelle puisque ce garçon était devenu aussi mon ami. Il savait toujours me faire rire quand ça n'allait pas, contrairement à Thomas.

Tristan vint à cette soirée avec une belle quantité de cannabis. Nous avons fumé, bu, à l'amitié et à l'amour. Sous les effets de la drogue, de l'alcool, l'envie de mon amant me conduisit à l'amener dans la chambre. Thomas était soûl. Whisky, drogue, mauvais mélange.

À peine entré dans la chambre, il m'arracha mes vêtements. Je fis de même avec les siens. Il me plaqua sur le lit et me fit l'amour. Et puis Thomas me releva et me mit à quatre pattes sur le lit. Brutalement, il enfonça d'un coup violent son sexe dans ma zone anale, me tira les cheveux. J'étais morte de douleur. Puis encore plus violemment, il plaqua ma tête sur le lit. Je n'arrivais plus à respirer. La douleur était indescriptible au fur et à mesure qu'il entrait en moi, qu'il enfonçait son sexe au plus profond de moi. J'avais beau le supplier d'arrêter, Thomas ne m'entendait pas. Il continuait ses va-et-vient de plus en plus fort, de plus en plus douloureux, pour finir en moi.

Il se retira, me hurla des mots que je n'avais encore jamais entendus dans sa bouche et me poussa sur le lit. J'étais souillée, vautrée, allongée et comme paralysée. La douleur était indescriptible.

J'entendis la porte de la chambre s'ouvrir. C'était Tristan. Il riait. Il tapa dans la main de Thomas, fier de ce qu'il venait de me faire subir. Je n'avais qu'une peur : qu'il invite son copain à me faire la même chose. J'étais nue, allongée sur le ventre, devant eux, à leur merci de leur folie. Heureusement pour moi, ils sortirent et rejoignirent le salon, comme si de rien n'était. Je les entendais rire, je les entendais commenter ce que Thomas venait de m'infliger.

Je n'avais que seize ans.

Celui à qui j'avais confié vouloir un enfant de lui venait de me violer, de me sodomiser avec une violence extrême. Il me fallut plusieurs minutes pour parvenir à me réfugier dans la salle de bains. J'avais tellement peur qu'ils reviennent, qu'ils recommencent. Qu'ils fassent de moi leur jouet sexuel, me faisant subir les plus inimaginables atrocités. Sous la douche, je respirai enfin et m'empressai de me laver de cet acte affreux que venait de me faire subir Thomas. J'étais assise, l'eau coulait sur mon corps blessé. Je ne sortis de la salle de bains que plusieurs heures plus tard. Tristan était parti. Thomas ronflait, affalé dans le canapé, un verre de whisky à la main.

Les jours qui suivirent furent compliqués. J'évitais son regard, j'évitais de le croiser. J'allai dormir une nuit chez une amie pour éviter qu'il me touche. Je ne supportais plus ses mains, son regard. Ses mains qui avaient arraché ma culotte, qui m'avaient plaquée contre le lit, contre l'oreiller. Ses mains que j'avais connues si douces s'étaient transformées en arme destructrice.

Heureusement, Thomas partit en voyage, me laissant une fois de plus seule avec sa mère. Mais pour une fois, je ne voyais rien à y redire. Je ne savais plus quoi penser de lui. J'étais déboussolée. Et, plus encore, inquiète. Car mes règles ne venaient pas. Je décidai alors de faire un test de grossesse. Dans les toilettes, le test ne s'affichait pas. Désespérée, j'allai m'asseoir sur le canapé, à côté de ma belle-mère qui regardait la télé.

Dix minutes plus tard, le test afficha une barre et demie.

— Tu penses que c'est positif ? demandai-je à ma belle-mère.

— Je ne pense pas, répondit-elle.

Je décidai malgré tout de croire à ce test et d'en parler à Thomas qui venait de rentrer :

— Va faire une prise de sang afin d'être sûre que l'enfant est de moi, et que tu es bien enceinte.

Dès le lendemain matin, j'étais au laboratoire pour une prise de sang dont le résultat s'avéra positif. J'étais heureuse et impatiente de rentrer pour voir la joie dans les yeux de mon amant.

Il était 11 heures. Il dormait encore sous les effets de la drogue qu'il avait consommée jusque tard dans la nuit. Je me souviens m'être agenouillée au pied du lit pour que son réveil soit doux. Je me souviens qu'en entendant ma voix, il s'est retourné, m'a regardée, m'a reproché de l'avoir réveillé. Il prit la feuille et vit le résultat. Il fit un léger sourire, se retourna sans dire un mot, et se rendormit. Moi qui étais folle de joie à l'idée de lui annoncer la bonne nouvelle, je sus à ce moment-là que j'avais fait une erreur en acceptant cette grossesse. Mais je n'avais pas le droit à l'échec, pas le droit d'avorter. J'étais prête à assumer ce bébé de toutes mes forces. Je pensais alors que Thomas m'accorderait un peu plus d'intérêt.

Les jours passèrent, je sentais mon corps changer, ma poitrine devenir sensible et prendre du volume. Je ressentais régulièrement des nausées. Malgré tout, nous avions décidé de garder le secret encore quelque temps. C'est à quatre semaines de grossesse que Thomas m'annonça que sa sœur passerait une semaine chez nous. Je n'avais pas d'autre choix que d'accepter. Sa sœur ne m'aimait pas. Entre-temps, j'avais informé mon père de ma grossesse. Il n'était pas heureux de cette annonce. Mais il était prêt à m'aider à réussir une belle vie pour cet enfant à venir, prêt à me soutenir. Il savait que je n'étais pas heureuse, que j'étais en danger chez ma belle-famille. En fait, il n'attendait plus qu'une chose : que je revienne vivre chez lui.

Thomas était devenu un homme violent, infidèle, drogué, alcoolique. Je commençais à me rendre compte que je n'aimais plus l'homme avec qui je partageais ma vie. Je ne l'aimais plus, mais je ne m'aimais plus non plus, avec tout ce qu'il m'avait fait subir. Je n'étais pas heureuse du comportement de mon homme. Un soir, profitant que sa sœur et sa mère étaient couchées, j'entamai une réelle discussion avec lui. Ce n'était plus possible. Il se devait de respecter et d'aimer la femme qui portait son enfant. Mais il ne l'entendait pas de la sorte.

Une énième dispute éclata. Thomas hurla et me tapa dessus tout en tirant le drap qui couvrait mon corps. Je ne voulais plus qu'il me touche depuis qu'il m'avait violé. Je ne voulais plus qu'il voie ce corps qui ne lui appartenait plus. Ce corps qui portait de nombreuses traces de coups. Son œuvre. Ses œuvres. Il déchira le drap, tenta de poser sa main violente sur mon sexe, mais je me débattis pour qu'il ne parvienne pas à ses fins. Alors il me souleva et me poussa vers la fenêtre donnant sur le balcon. J'étais à moitié nue. Il faisait froid. Je hurlai. Je sentis qu'il voulait me balancer par-dessus la rambarde.

Alertées par mes cris, sa sœur et sa mère eurent le bon réflexe : elles sont entrées dans le salon où nous dormions pour mettre fin à cette scène violente. Elles nous ont séparés. Nous avons passé la nuit chacun de notre côté. Je me devais d'avoir une dernière discussion avec Thomas avant mon départ. Le lendemain, au réveil, mon instinct maternel m'ordonna de partir tout de suite pour la sécurité de l'enfant que je portais car sa sœur avait tenté de m'agresser pour des raisons puériles de jalousie. Je pris mes affaires et claquai la porte.

12

Une grossesse chez mon père

En arrivant chez mon père, je sautai dans ses bras, en larmes. Fatiguée. Mon père ne savait quoi dire ni quoi faire hormis me consoler. Il savait que j'avais vécu l'enfer chez ma belle-famille. Pour la première fois, j'avais vraiment été en danger. Une guerre venait de se terminer, une page venait de se tourner. Mon père avait retrouvé son instinct paternel au bon moment. Il lui avait fallu seize ans. Il était calme, assis dans le salon. Je lui racontai toute mon histoire, le viol, les coups que Thomas me donnait, ma dénutrition, ma solitude, ma déscolarisation, le nombre incalculable de coupures sur mes bras, les bleus sur mes cuisses, sur mon dos.

Mon père se sentait coupable : en quelques mois, sa fille avait été anéantie par un homme. Il m'annonça que je passerais ma grossesse chez lui et qu'on trouverait des solutions ensemble. Je filai me coucher, apaisée, sereine. J'allais enfin récupérer quatre mois de nuits blanches et de stress continu.

Le lendemain, mon père me prépara un petit déjeuner copieux afin de me faire récupérer au plus vite les quinze kilos que j'avais perdus en deux mois. Il fallait nourrir ce bébé que je portais et qui n'avait connu, pour l'instant, que la saveur de l'eau et d'un œuf.

Au fil des jours, ma santé s'améliora. Je me sentais mieux, hormis les nausées de la grossesse. Je vomissais jusqu'à dix fois par jour et passais mes journées au lit. Les seuls moments où je me levais, c'était pour aller à mes rendez-vous. J'avais aussi retrouvé l'ambition de reprendre des études et, par bonheur, en avril 2016, je fus acceptée dans un des seuls lycées de la région où les jeunes mères isolées sont les bienvenues. Les papiers étaient prêts pour accueillir en toute sécurité mon enfant. Je ressentais que j'allais accoucher d'une petite fille. L'échographie m'en donna la certitude. Thomas, qui venait de temps en temps prendre de mes nouvelles chez mon père, voulait absolument un garçon pour « jouer à *Star Wars* ».

Voyant qu'à chaque fois qu'il venait, il continuait de me rabaisser et de mal se comporter, mon père finit, avec calme, par lui dire de ne plus jamais venir. Ne voulant pas rompre totalement le lien avec le père de mon futur enfant, c'est donc moi qui allai lui rendre visite, malgré mes fortes nausées. Et c'est là que j'ai vraiment pris conscience de l'homme qu'il était. Comme je m'étais déplacé pour lui, à en vomir durant le trajet, alors que c'était à lui de me soutenir, Thomas m'annonça :

— De toute façon, je ne t'aimais pas. Tu croyais quoi ? Que je partais voir mon père tous les week-ends ? Que tu es naïve, ma pauvre ! Avorte, je n'en ai rien à foutre de cet enfant. Je te quitte.

Je n'étais pas vraiment étonnée de son infidélité. Ni de son manque d'implication envers son enfant à venir. Je me disais même qu'il était mieux pour cet enfant qu'il ne connaisse pas son père. Mon enfant serait en sécurité loin de lui.

En avril 2016, nous sommes donc retournés en audience devant la juge des enfants qui, cette fois-ci, m'a autorisée à retourner vivre chez mon père. Elle était satisfaite de voir que je m'impliquais pour l'enfant à venir et que le lien avec mon père était rétabli.

Les mois passaient, mon ventre s'arrondissait. J'étais plutôt heureuse de me voir changer au fil des jours. J'étais devenue plus calme, concentrée, sérieuse, réinsérée scolairement, responsable et autonome. J'accomplissais toutes les démarches qu'un adulte doit faire, mais seule. J'étais fière, à mon jeune âge, de m'en sortir sans complication, avec détermination. Mon bébé allait bien, je n'avais plus aucune nouvelle de Thomas, je me sentais mieux. J'avais oublié cette relation. J'avais cette impression constante de ne jamais l'avoir aimé. Je venais de comprendre que l'amour rend aveugle. Depuis notre rupture, j'avais retrouvé la vue.

Les hommes me dégoûtaient. Je voulais me venger. Je calmais alors mes pulsions hormonales avec certains hommes. Pourquoi les femmes n'auraient-elles pas le droit d'avoir des conquêtes au même titre que les hommes ? Un préjugé qui m'insupportait. J'étais une jeune femme et je vivais ma vie avec passion, sans me préoccuper des autres. Un sentiment que je ne connaissais pas.

Je retrouvais une partie de mes amis, je sortais à nouveau pour faire la fête, j'appréciais chacune de mes échographies, seule. J'étais heureuse de voir ce petit bout grandir. C'était une fille, ma joie était grande. J'aimais cette enfant plus que quiconque, je caressais mon ventre le plus souvent possible. Dès que je la sentais me donner des coups, je rassurais mon bébé en caressant la zone où elle tapait. Cette petite fille se portait bien, je ne fumais plus, je ne me droguais plus depuis que j'étais partie de chez ma belle-famille. Je me sentais réellement épanouie pour la première fois.

J'étais impatiente de rencontrer Johanna. J'avais décidé de lui donner ce prénom à la fois pour sa simplicité, sa douceur et son caractère. Ce prénom était parfaitement adapté à ma fille. Mes dix-sept ans approchaient. Je devenais une jeune femme sérieuse et de plus en plus responsable. Mon père était fier de moi et j'étais heureuse de recevoir cette reconnaissance que j'attendais depuis si longtemps.

Ce 12 juillet 2016, j'avais dix-sept ans.

Je comptais passer la journée tranquillement devant un bon film, la main sur mon ventre. Comme si nous étions deux à vivre ce moment. Deux jours plus tôt et après deux mois sans nouvelles, Thomas m'avait envoyé un message :

Je compte assumer l'enfant à venir.

Il était trop tard pour assumer l'enfant. Thomas voulait se déclarer à la mairie, mais comme il ne connaissait pas ma date de naissance, impossible pour lui de faire cette démarche. Il menaçait de me tuer si je ne la lui donnais pas. Il m'envoya des dizaines de messages m'expliquant qu'il serait mon pire cauchemar et qu'il ne me lâcherait pas. J'avais peur. J'étais de nouveau en danger. Moi et ma fille. En plus, Thomas refusait que ce soit une fille malgré l'échographie attestant de son sexe féminin. Il me poussa à bout, me menaça jusqu'à ce que je dépose plainte au commissariat de ma ville.

Mais je savais que ça ne changerait rien puisque, lors de ma première main courante suite à mon viol, la police n'avait pas souhaité engager de poursuites.

Je n'avais soi-disant pas de preuve. Ce à quoi j'avais répondu avec ironie :

— Alors faut quoi ? Qu'on me viole sous vos yeux pour en être sûr ?

En refusant quelques mois plus tôt de prendre ma plainte, le commissariat m'avait laissée seule avec mon traumatisme, laissant en liberté un homme qui battait les femmes. Mais les policiers acceptèrent tout de même ma deuxième main courante pour « menaces ».

Je décidai d'oublier Thomas jusqu'à mon accouchement et je mis en place tous les moyens possibles pour protéger mon enfant de ce monstre. Car il était un monstre. Mais il ne s'en rendait pas compte. Il voulait me récupérer, mais il était trop tard. J'étais prête à me battre contre lui pour le bien-être de ma fille car il ne cessait de m'envoyer des messages de menaces

La date de mon accouchement approchait. Malgré tout, je fis ma rentrée scolaire dans ce nouveau lycée. Dans ma classe, une vingtaine de filles pour un seul garçon. Les professeurs prirent soin de moi durant les dernières semaines de ma grossesse. Mais, selon la directrice de lycée, je devrais reprendre les cours trois semaines après mon accouchement. Je trouvais ce délai vraiment juste pour se rétablir : le délai légal est de deux mois post-accouchement. Mais qu'importe.

J'étais déterminée à obtenir mon bac professionnel « Accompagnement soin et service à la personne ».

Je devins très vite la première de la classe. J'en étais assez fière. Fière de réussir à être la fierté de mon père. Au vu de mes bons résultats, la direction m'autorisa finalement à prolonger mon congé maternité à deux mois. Mon ventre commençait à me peser, je n'arrivais plus à m'asseoir correctement, ni à dormir à cause des coups du bébé et des remontées acides, de la fatigue. Je dus finalement être alitée pour le reste de ma grossesse afin que mon bébé prenne du poids, sinon il pouvait naître à 1,5 kg seulement, selon les sages-femmes.

Johanna prit finalement, après un mois que je passai allongée, près d'un kilo. J'étais fière d'elle. Et mon père était fier de voir que tout était prêt pour accueillir le bébé. La sage-femme décida alors de percer les membranes pour m'aider à accoucher, mais en vain. Hormis la douleur de la déchirure dans mon corps, rien ne se produisit. Je pleurai de douleur, désespérée de ne pas accoucher. La sage-femme fixa alors une date pour une césarienne si jamais le bébé ne voulait pas montrer le bout de son nez à temps. J'étais attristée. Je ne voulais pas accoucher par césarienne. J'avais peur. Je décidai alors de me détendre en allant faire les magasins. C'est en sortant de ma boutique préférée que je sentis des crispations dans le bas de mon ventre, une douleur plutôt supportable.

Je me dis que c'était normal, avec le poids de ma fille dans mon ventre. C'était comme une légère douleur de règles, rien de bien méchant, sûrement une fausse alerte encore.

Quand je rentrai à la maison, la douleur ne partit pas. Elle était de plus en plus forte. J'étais assise sur le fauteuil dans la chambre de mon père, lui, allongé sur son lit. Nous regardions la télé. J'essayais d'oublier la douleur en me concentrant sur les actualités, mais c'était insoutenable. Je pris un bain. J'expliquai à mon père que si la douleur ne s'estompait pas, nous allions devoir partir pour la maternité. Il hocha la tête, inquiet. Il ne s'était pas préparé, je crois. Ça tombait bien, moi non plus !

J'eus à peine le temps d'entrer dans mon bain que je perdis le bouchon muqueux. Je demandai donc à mon père de se préparer. De mon côté, toutes les affaires étaient déjà dans ma valise : bodys, pyjamas, biberon, tétine, doudou, jouets, couches, serviettes, mes serviettes post-accouchement, mes slips filets, un tee-shirt XXL, des vêtements de rechange, mes papiers d'identité, mon carnet de santé et de suivi de grossesse. Tout était prêt.

Sur la route, les dos-d'âne n'aidèrent pas à calmer ma douleur, ni même les pattes de la chienne posées sur mon ventre. J'avais l'impression d'être dans un bateau et d'avoir le mal de mer. En arrivant devant la maternité, je demandai à mon père de m'attendre car c'était sûrement une fausse alerte. Je fus tout de suite prise en charge par les sages-femmes. Mon col était encore fermé. Le travail avait commencé, mais je n'étais pas encore prête à accoucher. Ce fut alors le début d'une longue nuit de travail. Je me sentais si seule dans cette chambre. Mais c'était logique puisque personne ne pouvait me rendre visite. J'avais en effet demandé à accoucher sous X afin de protéger mon bébé de tout risque venant de son père.

Je n'avais que dix-sept ans.

Je n'avais que dix-sept ans et j'allais, seule, mettre au monde un enfant. Mon téléphone me tenait compagnie. Je restais en contact avec ma meilleure amie qui me soutenait à distance. Mon père aussi m'appela pour me demander où j'en étais, si le bébé était arrivé. Il me posa ces questions d'un ton doux, rassurant, et à la fois inquiet. J'étais heureuse de savoir qu'il s'inquiétait pour moi. Mieux encore, il m'avait redonné le sourire en me lançant :

— Bon, courage à toi, je suis fier de toi Fidji, sache-le.

Il avait fallu dix-sept longues années d'acharnement vers la réussite pour entendre cette phrase, cette simple petite phrase, pourtant si grande dans mon cœur. Sa phrase me motiva pour la venue au monde de Johanna. Car c'était l'heure de me diriger vers la salle d'accouchement. Malgré la douleur, je me trouvais belle en me regardant dans le miroir.

J'avais un joli petit ventre. Le fait d'avoir repris mes études m'avait permis de garder la forme et de ne pas prendre trop de poids.

Les douleurs devenaient de plus en plus insupportables, jouant sur ma fatigue et sur mes nerfs. J'avais fait le plus gros de ce parcours, je me disais que le reste ne serait pas compliqué. J'étais fatiguée. Treize heures après mon entrée en maternité, on me fit enfin la péridurale. Je m'endormis pendant trois petites heures. La journée était longue, je ne pouvais sortir du lit, je vomissais à chaque fois que je buvais de l'eau, n'ayant pas mangé depuis quarante-huit heures, je pleurais d'attendre, c'était très dur à supporter, je voulais accoucher. Mais je devais attendre. C'était tellement long, seule dans le lit à attendre, attendre. Après quinze heures d'attente, la sage-femme arriva pour m'annoncer que j'étais prête à accoucher.

Quel soulagement ! Mon cœur battait fort, je caressai une dernière fois mon ventre pour sentir les coups de ma fille et pour lui dire de venir, que je serais toujours là pour elle, et que nous nous en sortirions, toutes les deux.

— Oh ! Bonne nouvelle madame, elle a des cheveux ! me dit la sage-femme.

— Est-ce qu'elle est rousse ?! lui demandai-je, inquiète.

Je ne voulais pas que ma fille ait la couleur des cheveux de son père. Je voulais qu'elle me ressemble, qu'elle soit fière d'être une Gibert. Et qu'elle ne subisse pas de moqueries sur sa chevelure.

C'était la dernière poussée, les sages-femmes voyaient sa tête, il ne restait plus qu'à faire sortir les épaules. Je sentais mon bébé sortir de mon corps, je l'accompagnais dans sa lancée, poussant de toutes mes forces. Mon corps était pris de spasmes, je ne pensais plus à rien, hormis à tout faire pour réussir la plus belle épreuve qu'une femme ait à surmonter dans sa vie. Au point de ne plus entendre que les sages-femmes me motivaient. Je poussai une dernière fois. Je sentis le corps de Johanna et vis apparaître sa tête entre mes jambes.

J'étais maman.

À sa sortie, Johanna ne cria pas. Le médecin lui appliqua alors un tuyau dans l'œsophage pour désencombrer ses poumons du surplus de liquide amniotique qu'elle avait ingurgité. Elle poussa tout de suite ses premiers cris. Il lui fit ensuite passer un test des premiers réflexes archaïques. Épuisée, je la vis marcher et des larmes de bonheur coulèrent sur mes joues.

J'avais dix-sept ans et, sur moi, un bébé. Mon bébé. Un petit ange de 2,940 kg pour 49 cm. Il était 22 h 53.

Bienvenue parmi nous, Johanna Gibert.

Bienvenue auprès de moi, ma Johanna.

13

Un ange dans ma vie

Quand, après les examens d'usage, le pédiatre m'a amené ma fille, elle était sage. Elle s'était endormie.

Nous avons alors vécu toutes les deux un moment indescriptible. Un moment unique qui n'appartient qu'à nous. J'ai chuchoté à Johanna des mots que seule une maman peut dire à son enfant, je ne la lâchais pas des yeux. Elle était magnifique, si petite, si fragile. Sa petite main toute fripée agrippait mon doigt. J'ai vécu à cet instant précis le plus beau moment de mon existence. Je comprenais aussi et enfin ma raison d'être sur terre. Elle était ma raison, ma raison de continuer à vivre. Bienvenue, encore une fois, Johanna Gibert.

— Allô papa ?

— Oui, alors elle est là la petite ?

— Oui papa ! Je viens d'accoucher. Elle est dans mes bras. Elle est magnifique, papa. Je suis si heureuse.

— Félicitations Fidji. Je suis fier de toi. Moi aussi je suis heureux. Prends bien soin de la petite, elle en aura besoin, tu sais. Tu es mère maintenant. Il va falloir que tu te battes pour elle. Elle ne demandera que de l'amour, cette petite. Tu vas devoir te battre mais tu vas réussir pour elle.

Je sentais mon père ému, fier d'être grand-père pour la première fois. Nous devenions une famille unie.

Nous avons ensuite rejoint notre chambre où l'infirmière a installé Johanna dans un berceau situé juste à côté de mon lit et je me suis mise à pleurer :

— Que se passe-t-il ? m'a-t-elle demandé.

— J'ai peur de mal faire, de ne pas être heureuse.

— Vous savez, une mère épanouie est une mère qui s'autorise du temps pour elle au moins une fois par mois. Vous allez y arriver j'en suis sûre, vous êtes quelqu'un de fort Fidji, n'en doutez jamais.

Il était un peu plus de minuit, je ne pouvais pas me lever à cause de la péridurale qui avait paralysé mes jambes. Je n'ai pas trouvé le sommeil. J'étais obsédée par le besoin de garder un œil sur ma fille pour vérifier si elle respirait bien. Elle était si belle avec son bonnet et ses petits bras écartés dans sa gigoteuse. J'ai passé la nuit à observer chaque trait de son visage. Elle avait le nez de ma famille, le nez des Gibert, le front de la famille Gibert, un grand front, signe d'intelligence, des bonnes joues, comme sa maman. Elle pouvait être fière de porter ce nom. Une famille forte et autonome, respectée pour son travail. Mon arrière-grand-père serait heureux de savoir que sa descendance lui ressemblait. Cependant, elle avait les sourcils, la bouche et les cheveux fins de son père. Cela lui donnait malgré tout du charme.

Au début, Johanna ne voulut pas s'alimenter, alors, à l'aide d'une seringue, l'infirmière aspira du lait et lui en injecta 10 ml dans la bouche pour commencer. Johanna avait avalé trop de liquide dans mon ventre, elle n'était pas en mesure de s'alimenter. Son ventre lui faisait mal. Pendant que l'une s'occupait de mon enfant, l'autre me faisait sortir du lit doucement. J'avais cette sensation de jambes engourdies, comme si on y avait accroché des poids. Mais c'était moins désagréable que cette sensation de déchirure entre mes jambes, cette sensation de brûlure à chaque pas que je faisais. En plus, ma poitrine avait doublé de taille à cause de la montée de lait

Et tout à coup, la surprise arriva. Mon frère Johan et mon père se présentèrent. Johan tenait à la main une peluche. Mon père me fit la bise pour la première fois de sa vie. Nous étions tous les trois dans la chambre avec la petite Johanna.

— Salut la petite crevette ! lança Johan qui se dit tout content d'être tonton.

Mon père, lui, l'observa de loin. C'était l'heure du repas de Johanna. Assise sur le lit, je lui donnai le biberon face à ma famille qui m'observait. Ils me posèrent plusieurs questions : « Tu n'allaites pas ? », « T'as bien fait toutes les démarches ? » ; « Il n'est pas venu te faire chier, l'autre connard ? » Seul Brice manquait à l'appel pour admirer ma petite progéniture. Encore une fois, mon existence était sans importance à ses yeux. Et de sa nièce, il n'avait que faire.

Je profitai de la présence de mon père et de mon demi-frère pour filer déclarer Johanna à l'état civil. Je mis une bonne vingtaine de minutes pour descendre et parcourir deux simples couloirs assez longs. La douleur que j'éprouvais en marchant n'était vraiment pas agréable, je déambulais tel un pingouin dans les couloirs de la maternité.

Et là, je découvris avec terreur que deux chambres à côté de la mienne était installée la sœur de Thomas. Elle venait elle aussi d'accoucher de son premier enfant. Les heures et les jours qui suivraient allaient donc être stressants car à tout moment, je pouvais croiser Thomas dans les couloirs, donc risquer qu'il m'agresse ou vienne voir Johanna sans mon autorisation. Je pressai donc le pas avec difficulté en direction du hall d'entrée pour déclarer Johanna. L'officier d'état civil me demanda mes papiers et je tombai des nues lorsqu'il m'annonça :

— Ah, il doit y avoir une erreur, nous avons un monsieur Miot qui s'est déclaré être le père. La déclaration a été faite directement en mairie.

— Quoi !? C'est impossible ! Il ne connaissait pas ma date de naissance ! Monsieur, il est dangereux pour ma fille. On ne peut pas faire ça !

— Je suis désolé madame, même si c'est une personne dangereuse, c'est le père, il s'est déclaré. Elle s'appellera donc Johanna Gibert-Miot.

Mon bonheur s'écroulait, Thomas avait décidé de me déclarer une guerre interminable. J'étais angoissée par l'avenir à cause de lui. Inquiète pour la sécurité de ma fille. Je pris alors mon téléphone et demandai des explications à Thomas qui me répondit fièrement que c'était uniquement pour me faire chier.

J'étais outrée.

Je me dépêchai de retourner voir ma fille afin de m'assurer de sa sécurité. Dans le couloir menant à la chambre de Johanna, je croisai une aide-soignante à qui j'expliquai la situation en lui indiquant que Thomas ne devait pas franchir le seuil de la chambre de ma fille. Un agent de sécurité fut aussitôt appelé et resta tout l'après-midi à proximité de ma chambre pour éviter tout débordement à cause de ce fou furieux.

Ma famille repartie, j'enchaînai tout de suite avec mon rôle de mère, entre biberons, changes et siestes. La nuit, c'est une aide-soignante que j'avais surnommée « Petrouchka », en référence à sa nationalité russe, qui entra en toquant fortement à ma porte :

— Heure bib bébé ! dit-elle avec son accent.

— Elle a déjà mangé ! lui rétorquai-je.

— Un bébé a toujours faim, allez, levez-vous pour lui donner bib.

Je sentis que cette femme allait m'en faire voir de toutes les couleurs et que nous ne serions pas copines. Il n'était que 4 heures du matin, elle prit ma fille dans ses bras pour la poser dans les miens. Johanna pleurait car l'aide-soignante l'avait réveillée. Pour faire plaisir à cette femme, je lui donnai la moitié d'un biberon et la recouchai.

Le lendemain, même journée : la visite de ma famille, les changes, la révision des cours, les biberons, mais aussi la visite de ma meilleure amie et de son fiancé. Cela m'avait fait énormément plaisir de savoir que j'étais soutenue. Car malgré ce bonheur d'être devenue maman, je me sentais vidée. Vidée à cause de la fatigue et de la solitude que je ressentais à l'hôpital. Et dans la nuit :

— Bib bébé !

Face à cette aide-soignante à l'accent russe, je n'avais même plus la force de répliquer. Dans la nuit, je pris ma fille dans mes bras et m'installai avec difficulté sur le fauteuil. Tandis que Johanna prenait son biberon dans mes bras, moi, je me sentais triste. Des tonnes de questions trottaient dans ma tête concernant mon avenir avec un enfant, toute seule. L'aide-soignante, qui était assise sur mon lit face à moi et qui avait perçu mon changement de comportement, engagea la conversation :

— Vous avez une petite mine, dites-moi tout.

— Je me sens fatiguée, je ne suis pas en forme. Je ne me sens pas bien. J'ai peur de mon avenir avec Johanna.

— Vous savez, auparavant, j'ai obtenu un master et me voilà aide-soignante car j'ai eu mes deux enfants, et je suis très heureuse de faire ce métier. Ne pensez pas que votre fille entravera votre avenir, vous êtes forte ! Restez forte !

Petrouchka venait de montrer une personnalité plus douce. Elle m'avait mise en confiance. Elle n'était pas si mauvaise que ça. Elle devint finalement mon alliée durant la fin de mon séjour à la maternité.

Johanna s'était endormie sur son biberon. Je décidai alors de me lever du fauteuil, tenant ma fille dans mes bras, quand tout à coup, sous le coup de la fatigue, après quarante-huit heures sans sommeil, je fis un malaise. Petrouchka eut le temps de prendre ma fille qui était sur le point de tomber avec moi, et je chutai sur le lit.

Je me réveillai quelques minutes après. Johanna dormait dans son lit. On m'annonça que j'avais fait un malaise, que j'avais besoin de sommeil et que, pour que je me repose, on allait prendre Johanna en charge pour la nuit. Je m'effondrai en larmes, culpabilisant d'avoir fait ce malaise et de me sentir mauvaise mère. Mais je n'eus pas la force de dire que j'étais capable de m'en occuper. Parce que cela aurait été faux. J'étais épuisée. Épuisée après neuf mois de grossesse, à courir dans tous les sens, sans aucun soutien. Épuisée après vingt-six heures de travail pour mon accouchement. Épuisée de me sentir seule. Je hochai alors la tête et m'endormis l'oreiller humidifié par mes larmes.

Quand je me réveillai le lendemain matin, je n'avais qu'une envie : retrouver ma fille. Une aide-soignante arriva avec le médecin de service et ma fille dans un berceau. Je l'embrassai, elle était si belle. J'étais soulagée de la retrouver. Je me sentais rassurée de retrouver ma moitié. Cependant, le médecin me demanda de poser ma fille dans son lit et de m'asseoir. Il voulait m'annoncer quelque chose.

— Bon, madame Gibert, comment vous sentez-vous ?

— Mieux, depuis que j'ai retrouvé ma fille.

— Mes collègues ont constaté que vous êtes affaiblie en ce moment, que vous vous isolez. Vous savez, vous pouvez demander de l'aide, c'est tout à fait normal, en tant que mère seule, de demander de l'aide.

— À chaque fois que j'ai demandé de l'aide, on m'a trahie. Et comme je ne veux pas être une mauvaise mère qui ne compte que sur les autres, je l'ai voulue, je l'assume.

— Fidji, je pense que vous souffrez d'un bon baby-blues. Il faut que vous vous reposiez et que vous récupériez de toutes les émotions des dernières semaines.

Je ne pensais pas que je souffrirais autant de ce baby-blues. Comme la plupart des mères, je me disais qu'il était impossible que ça tombe sur moi. Mais avec le recul, il avait raison. Je m'étais acharnée à la réussite, je ne ressentais aucun plaisir dans mes actes, j'étais vide. Ce vide, qui m'avait fait mûrir, s'était installé en moi et avait bouffé en moi tout menu plaisir de la vie. Et tout s'était décuplé depuis la venue de ma fille sur terre. Je m'effondrai de nouveau en larmes, culpabilisant d'avoir raté une année de ma vie, de ne m'être consacrée qu'à la réussite, oubliant la Fidji atypique, toujours souriante.

Je m'en voulais, mais je ne devais pas perdre pied pour ma fille. Je voulais que ma fille soit fière de sa maman. Dans l'après-midi, une sage-femme l'emmena pour les vaccins obligatoires. Je fus fière de savoir que Johanna était l'une des seules enfants à ne pas avoir pleuré lors de son vaccin. Elle était forte, comme sa mère. Le personnel arrivait facilement à la reconnaître grâce à sa tache de naissance sur la paupière.

À la sortie de l'hôpital, une nouvelle vie allait commencer. Je me sentais prête à affronter la vie avec ma fille. À me battre pour son bonheur. Ce serait un nouveau commencement. Johanna allait découvrir son monde, ce monde où elle allait devoir se battre et apprendre à aimer à sa façon.

14

Premiers pas dans la vie

Pour la sortie de Johanna, nous étions prêtes depuis plus de deux heures. Ma fille était habillée, ses affaires de sortie, prêtes, le siège auto aussi. Je vérifiai que je n'avais rien oublié, je vérifiai et revérifiai, maniaque que je suis. C'est mon père qui est venu nous chercher :

— Veillez à ce qu'elle mange correctement, c'est un petit bébé prématuré, m'avait lancé un peu plus tôt le médecin qui avait autorisé notre sortie

— Nous sommes normands, il n'y aura aucun souci là-dessus, lui avais-je répondu en rigolant.

Je savais qu'en rentrant chez mon père, sa priorité serait l'alimentation de sa petite-fille, comme tout grand-parent. En quittant la maternité, il prit un stock de biberons préparés, toujours à cheval sur ses économies.

Quand on arriva enfin à la maison, j'entendis la chienne aboyer. Elle avait senti Johanna. Elle aussi était impatiente. Kia ne lâcherait pas Johanna durant une semaine.

Les premiers jours à domicile furent un vrai bonheur. J'avais trouvé le rythme avec ma fille : me lever toutes les deux heures la nuit pour ses biberons, quinze changes pas jour, les câlins, la chienne qui ouvrait la porte la nuit pour s'assurer que tout allait bien pour ma fille. Kia était aussi protectrice que moi. C'était une très bonne chienne, bien éduquée par notre famille. Et dire que nous l'avions sauvée du pire à cause de son ancien maître qui la maltraitait et ne la nourrissait jamais !

Mon père surveillait Johanna pendant que je faisais les courses pour ma fille. Elle ne manquait de rien. Ma chambre était devenue une chambre d'enfant, entre le tapis d'éveil, la table à langer, le lit de bébé, toutes les peluches, les pots de lait ainsi que les bouteilles d'eau adaptées à son alimentation. Johanna était comblée, elle ne pouvait pas vivre mieux. J'étais heureuse de savoir qu'elle n'aurait pas le même vécu que moi, bébé.

Moi, c'était une tout autre affaire. Ma forte poitrine de grossesse avait disparu. *Retour aux petits seins*, se dit ironiquement la femme en moi. Mon bas-ventre était couvert de vergetures rougeâtres, un peu comme si Freddy les griffes de la nuit venait de m'agresser.

À l'intérieur de mon corps, je ne faisais que saigner et je savais que cela pouvait durer encore quatre mois. Je me sentais parfois fatiguée, mais je n'abandonnais pas mon objectif de réussite, pour moi et ma fille. Je forçai le lycée à m'envoyer les cours à la maison pour m'occuper car Johanna dormait vingt heures sur vingt-quatre. En rentrant de congé maternité, je serais ainsi au même niveau que mes camarades, sans aucun retard.

Je décidai d'ailleurs d'en profiter pour rendre une petite visite au lycée avec ma fille, si attendue par mes professeurs et par certaines camarades de classe. Quand j'entrai dans l'établissement, plusieurs élèves parurent choqués de me voir. Peu avaient remarqué ma grossesse. Ils étaient donc surpris de me voir avec un nouveau-né.

Johanna dormait dans son porte-bébé. Ma professeure principale était stupéfaite et ravie de voir que je me portais bien. J'avais aimé l'embêter en simulant de fausses alertes d'accouchement ! Elle était contente de voir ma fille. C'est elle qui m'amena dans notre salle principale. Quand j'entrai dans la classe, mes camarades, mes copines, furent ravies de découvrir ma fille, et ma meilleure amie, heureuse de retrouver sa petite Johanna qu'elle considérait comme sa nièce. Elle ne la lâchait pas. Je ne me préoccupai pas de certaines élèves de ma classe. Je préférai répondre à mes copines qui me posaient un tas de questions. Elles me trouvèrent changée, plus calme. Ma fille m'avait métamorphosée. Je me sentais apaisée à ses côtés. Je dus les quitter après avoir récupéré quelques cours. Je ne reviendrais au lycée qu'à mon retour de congé maternité.

Le temps libre de ce congé maternité consistait à réviser mes cours pour rester au diapason de ma classe. Mais la plupart du temps, je nourrissais et câlinais ma fille. Tout se passait pour le mieux. Enfin presque ! Car tout n'était pas si beau depuis mon accouchement. Je ressentais cette pression que mon père me jetait sur les épaules par rapport à mon enfant. Rien n'était assez bien pour Johanna, selon lui. Les biberons devaient être préparés et donnés dans les secondes qui suivaient. Au moindre ongle coupé maladroitement, aux moindres pleurs de ma fille, j'étais obligatoirement tenue responsable du petit bobo.

Mon père me regardait à nouveau mal, nous ne communiquions plus, je ne me sentais plus mère, mais grande sœur. Comme si Johanna lui appartenait. Je ne trouvais pas ma place en tant que mère, en tant que femme. Je savais que cette relation ne durerait pas. Mon père recommençait à m'insulter, à me dire que j'étais une mauvaise mère. Ce n'était plus possible. Cet endroit n'était pas serein pour un bébé et sa maman.

Mon amie Élise vivait toujours chez sa mère, qui était médecin, mais avait son propre appartement relié à la maison. Voyant que je n'allais pas bien, elle me proposa de loger avec elle et sa petite amie. J'acceptai son offre.

Nous allions être soudées et je me sentirais soutenue. J'y crus, je restai deux mois chez elles. Durant cette période de colocation, je décidai également de reprendre contact avec Thomas pour qu'il assume ses responsabilités.

— Allô ?

— Tu veux quoi ?

— Est-ce que tu veux rencontrer ta fille ?

— Tu te moques de moi ?

— Non, je suis sérieuse, je te laisse la voir. Mais promets-moi que tu assumeras ta fille.

— On verra, j'arrive.

Thomas arriva dans mon nouveau lieu de vie avec deux heures de retard. Il vit Johanna pour la première fois. Il avait l'air heureux, mais il ne lui parla pas. Il l'observait, la prenait en photo. Moi, je me sentais bizarre de les voir ensemble pour la première fois. J'acceptai que nous présentions Johanna à sa famille. Mais la petite pleura aussitôt que sa grand-mère la prit dans ses bras. Puis Thomas prit sa fille, il l'observa et la porta comme Simba dans *Le Roi lion* :

— Gros nez, grand front, elle est grosse, ouais, elle ressemble à ton père quoi.

Je me retins de ne pas le gifler, reprendre ma fille et partir. Comment pouvait-il parler ainsi de sa fille ? Elle n'avait rien demandé. Mais il l'avait jugée car Johanna me ressemblait plus qu'elle lui ressemblait.

Les jours passant, Thomas ne me recontacta pas, ne prit pas de nouvelles de sa fille. Mes efforts et mes espérances qu'il change étaient tombés à l'eau. Je décidai alors de lui laisser un message.

J'estime avoir fait le nécessaire pour que tu assumes Johanna. Tu ne veux toujours rien faire pour elle. Tu ne la verras plus.

Thomas ne prit pas la peine de répondre. Mais au final, je n'étais pas étonnée de son comportement. J'aurais préféré qu'il en soit autrement, qu'il assume. Mais au fond, je pensais sincèrement qu'il serait mieux pour elle de n'avoir qu'un parent, un seul parent aimant.

En fait, la seule différence entre mon histoire et la sienne, c'est qu'elle aurait au moins l'amour d'un de ses parents, contrairement à moi.

Car si de l'autre côté, je continuais de croire que mon père se calmerait, ce fut en vain.

15

Un foyer, enfin !

Johanna grandissait, j'étais épanouie dans ma vie de maman, je m'en sortais facilement dans mes études. Il ne me manquait qu'une chose : trouver enfin un endroit stable pour ma fille, loin des personnes qui pourraient nous faire du mal.

Car une énième dispute avait dégénéré avec mon père qui ne contrôlait pas sa colère. Pour des raisons complètement futiles, comme bien souvent, il m'avait donné un grand coup d'aspirateur dans le visage alors que je portais Johanna dans les bras. J'avais eu très peur. Non pas pour moi, car depuis le temps, j'étais habituée à recevoir des coups, mais pour elle, qui n'avait rien demandé. Je pris alors le maximum d'affaires pour ma fille et nous partîmes nous réfugier chez un ami. J'y passai la nuit en attendant une solution.

Et puis je téléphonai à mon éducatrice en qui j'avais une entière confiance. C'était la première fois de ma vie que je l'appelais en dehors du contexte de suivi éducatif.

— Oui ma Fidji ?

— …

— Pourquoi tu pleures, raconte-moi tout ! Ça ne va pas avec ton père ?

— J'ai dû partir avec ma fille, j'ai besoin d'aide. À l'aide !

— Viens au foyer demain et nous trouverons une solution. Calme-toi, respire, n'inquiète pas pour ta fille, on va s'occuper de vous deux. Ne t'en fais pas.

Elle avait toujours les mots pour me rassurer, elle se donnait corps et âme pour me rendre la vie plus paisible. Elle tenta malgré tout de me réconcilier avec mon père en lui rendant visite. Mais en écoutant la conversation derrière la porte, je sus vite que c'était inutile. Il ne voulait plus rien savoir de moi. Il n'avait plus rien à me dire. Une fois de plus, je me sentis blessée en entendant cela. Il pensait qu'en élevant ses enfants avec autorité et en employant la maltraitance morale et physique, il nous permettrait de nous insérer dans cette société. Mais il avait des œillères. Il n'avait jamais vu que ses propres enfants souffraient de ses violences. Brice s'était isolé et jouait de provocations pour recevoir de l'amour, et sa fille s'était détruite à coups de lame de taille-crayon et en cherchant à tout prix l'amour d'un homme autre que son père. Il était responsable de la destruction de sa propre famille mais il ne s'en rendait pas compte.

Je compris alors que je ne devais compter que sur moi, me battre encore plus pour que ma fille soit une enfant comme les autres. Je ne voulais pas qu'elle vive l'histoire que j'avais vécue. Mais sans que je le veuille, elle la vivait. Elle pouvait quand même être sûre d'une chose : sa maman ne l'abandonnerait jamais.

Mon éducatrice nous fit vivre dans un hôtel en attendant une place en centre maternel. Je n'avais que cette solution malgré les commentaires négatifs qu'on lit souvent sur ces structures où les enfants sont violents et placés, et les mamans, des délinquantes. Ce n'était que le temps de trouver un appartement, me disais-je. À l'hôtel, même si la chambre était petite, avec ma fille, nous dormions ensemble, resserrant sans cesse nos liens.

L'éducatrice passa nous rendre visite. Elle était triste. Elle avait quelque chose à m'annoncer.

— Fidji, tu sais qu'un hôtel n'est pas un endroit stable pour un bébé ? La juge a ordonné le placement provisoire de Johanna à la pouponnière en attendant une place en centre maternel.

— Quoi ?! Non ! Il est hors de question que ma fille soit loin de moi. Vous ne me la prendrez pas !

— Fidji… ce n'est que pour quelques semaines. Je sais que ça va être dur pour toi d'être loin de ta fille, mais il faut que tu acceptes, pour son bien-être. On te laisse encore deux ou trois jours avec elle mais ensuite, nous n'avons pas d'autre choix que de la placer. Et si tu refuses, la juge risque de la placer plus longtemps…

J'étais en colère, une colère indescriptible. Ma seule raison de vivre devait s'éloigner de moi. Mais je n'avais pas le choix, apparemment. J'en voulais à mon éducatrice, au tribunal, à mon père, au monde entier.

Avec Johanna, nous avons profité de ces dernières heures ensemble pour nous promener. Même si elle ne le comprenait pas, je lui ai expliqué que je ne l'abandonnerais jamais, que je l'aimais, et qu'on allait s'en sortir. Je lui en avais fait la promesse lors de sa venue au monde, et je tiendrais promesse.

Il me fut très dur de visiter la pouponnière et d'y déposer ma fille. Les murs étaient de pierre. C'était une ancienne église. Les locaux étaient froids, les enfants, malheureux. J'eus la chance de décider de mes horaires de visite pour voir ma fille. Dès que mes journées de cours se terminaient, je sautais dans le tramway et je venais passer deux heures avec Johanna.

Le soir, je rentrais dans mon foyer dont la salle de sport avec punching-ball, tapis et fitness me maintenait en vie. Ma chambre était petite, mais elle ne me servait que pour dormir et déprimer. Les semaines passaient, j'enchaînais les cours, les visites avec ma fille et la salle de sport. Johanna changeait, je le voyais. Je ressentais qu'elle n'était pas heureuse dans cette ancienne église. Elle était souvent fatiguée car elle devait partager sa chambre avec cinq autres enfants plus grands qu'elle. Quand je venais la voir, je la trouvais assise sur la chaise de bébé, allongée dans le parc ou sur le sol, sans surveillance. Je la voyais se faire marcher dessus, mais je ne pouvais rien dire. Je faisais profil bas tout en refrénant ma colère.

Ce jour-là, j'attendais sur un banc l'heure de ma visite habituelle. Une dame apporta un nouvel enfant placé. Il était si petit ! Il ne devait avoir que deux ou trois jours… Il y avait une femme en larme à côté de moi. C'était sûrement la maman de ce nouveau-né. Je pleurai en la regardant, je voyais sa souffrance, je me sentais aussi détruite que cette jeune femme.

— À vous aussi, ils vous l'ont pris, soyez forte…

Je lui lançai ce petit mot pour lui dire qu'elle n'était pas seule. Elle l'avait bien compris. Elle sécha ses larmes avant de partir.

Malgré mes visites quotidiennes, ma fille et moi ne retrouvions pas notre lien. Elle me le faisait payer.

Johanna m'en voulait. Elle était malheureuse. Elle était mieux avec moi et j'étais mieux avec elle. À chaque fois, c'était un déchirement de la laisser et de repartir sans elle.

Au fil des jours, je n'étais plus aussi attentive en cours. Les professeurs étaient au courant du placement de ma fille et voyaient bien ma détresse quotidienne en salle de classe. Je n'avais plus goût à rien, je n'écrivais plus, ne révisais plus. Je n'avais même plus la force d'écrire mon prénom sur mes feuilles d'évaluation. Je pleurais constamment, je n'avais plus la force de retenir mes larmes, ni même de me retenir moi-même.

Je tentais malgré tout, les week-ends ou les soirs de semaine, de sortir, de me vider la tête après ma séance de boxe. Mais malgré mes efforts, j'avais toujours à l'esprit le visage de ma fille qui se faisait marcher dessus par un enfant. Rien ne pouvait me consoler. Seule la boxe me permettait de ne pas m'autodétruire. Dans la salle, le sac face à moi, mes gants protégeant mes mains, je tapais, tapais de toutes mes forces, criais toutes les souffrances que m'avait causées mon père. Je voulais que le sac soit son visage, je fantasmais son visage, quitte à m'en faire une entorse au poignet. Ma colère était immense… Choqués de la force et de la rage que je mettais à taper sur ce sac, les autres locataires du foyer me regardaient derrière la petite vitre d'entrée de la salle de sport, sans savoir qui j'étais, ni pourquoi j'en étais arrivée là.

Les nuits étaient longues, les joints, de plus en plus nombreux, les hommes d'un soir aussi, sans que j'y prenne aucun plaisir, sans que j'arrive à aller mieux. Je ne savais plus qui j'étais, je n'étais plus personne sans ma moitié. Je comptais les jours... Cela faisait déjà trois semaines. Je ruminais mon histoire, les raisons pour lesquelles j'en étais arrivée là avec mon père. Je compris que je lui en avais toujours voulu de ne jamais m'avoir présenté ma maman. Je ne voulais pas que Johanna, plus tard, me fasse subir cette colère de ne jamais avoir connu son père. Alors, désespérée, je repris contact avec Thomas qui, sur ma proposition, revit sa fille.

C'est après cette visite que j'eus une audience au tribunal. J'y informai la juge que Johanna avait vu son père.

— Fidji, je t'ai dit quoi ? De ne jamais reprendre contact avec lui. Maintenant, il va avoir des droits. Bon, malgré cela, tu vas pouvoir récupérer ta fille la semaine prochaine. Tu as obtenu une place au centre maternel.

J'attendais ce jour avec tant d'impatience ! J'allais enfin récupérer ma fille.

Mais avant, avec mon éducatrice, nous allâmes au foyer récupérer toutes mes affaires pour les installer au centre maternel. Je fus accueillie dans un grand bâtiment avec terrasse par une vieille femme blonde et, pour la première fois, je rencontrai mes référents. Une petite dame un peu âgée. Elle avait le regard apaisant. Avec elle, un vieil homme, grand, barbu, renfermé, à l'air vantard. Une personne dont je me méfiai tout de suite. Ceux-ci me firent découvrir mon appartement. Un studio plus grand que la normale. Au sol, un faux parquet, un petit lit une place, une petite cuisine et une grande salle de bains ! Je serais bien dans ce studio avec ma fille, je le sentais. Je me dépêchai de ranger les affaires de Johanna ainsi que les miennes afin que tout soit parfait pour nos retrouvailles.

Puis je partis retrouver Johanna avec mon éducatrice. Après un dernier moment ensemble, elle ne serait plus mon éducatrice. Elle serait relayée par le centre maternel. Elle a été la seule éducatrice à qui j'aie pu me confier ouvertement, sans aucune crainte. Je ne l'oublierai jamais. La seule en qui j'aie trouvé une main tendue, sans peur. Elle a marqué mon histoire, tout comme la protection judiciaire des mineurs, qui m'a aussi accompagnée durant ma grossesse.

J'étais heureuse. Je savourais les retrouvailles avec mon bébé. Johanna semblait comprendre que la pouponnière, c'était terminé. Nous étions heureuses. Plus rien ne pouvait nous séparer dorénavant, plus personne n'allait entraver notre chemin. Je remerciai quand même certaines auxiliaires de puériculture qui s'étaient occupées correctement de Johanna et je repartis avec ma fille dans les bras, sans me retourner.

Cette journée fut longue et pleine d'émotions. Une nouvelle vie commençait.

Dans les jours qui suivirent, après avoir pris mes marques dans mon nouveau logement, j'allai à la rencontre des autres mamans avec qui je n'avais pas eu le temps de faire connaissance. Je ne savais comment me comporter avec ces filles toutes aussi différentes les unes que les autres. Je ne voulais qu'une chose : pas de dispute ! Toutes ces mamans avaient une histoire différente. Elles avaient toutes autant souffert que moi. Je me sentais comprise. Elles étaient toutes jeunes, très jeunes même, puisqu'âgées de quatorze à vingt-deux ans.

Je n'avais que dix-sept ans.

16

Une rencontre

Les premières semaines au centre maternel furent compliquées. L'autorité de mes référents ne me plaisait guère et le moindre reproche qu'ils m'adressaient me faisait sortir de mes gonds. Certains éducateurs avaient une mentalité totalement opposée à la mienne et une maman dont j'étais proche me conseilla de ne jamais pleurer devant eux, sinon ils pouvaient prendre notre enfant, pensant que nous étions déprimées.

Moi, je n'étais pas déprimée. J'avais un toit, un beau studio, je continuais, tous les samedis, mes heures de conduite pour obtenir mon permis. Je voulais avoir une voiture pour pouvoir me déplacer librement, sans prendre les transports en commun et donc sans perdre de temps inutilement. Financièrement, tout allait bien, les cours de comptabilité que mon père m'avait sommairement donnés durant ma grossesse me permettaient de gérer mes finances toute seule. J'étais très autonome dans ce centre maternel, ce qui me différenciait des autres mamans qui devaient tout apprendre dans ce centre. Moi, je me débrouillais très bien toute seule. Ce lieu n'était qu'une transition avant que j'obtienne un appartement. Quand je disais aux autres mamans que je ne resterais que deux mois, elles rigolaient.

— Pourquoi vous rigolez ? Je suis là pour un toit, c'est tout !

— Mais tu n'as pas compris Fidji ! Ils t'ont menti. Ils nous l'ont tous fait ! Tu penses rester deux mois, mais attends de passer en jugement… Ils te lyncheront, raconteront des choses fausses sur toi pour que tu restes. C'est minimum six mois dans ce centre. Ils veulent juste te rendre folle pour qu'à la moindre erreur, ils puissent placer ta fille.

Je tombais des nues. Mais je ne voulais pas y croire. Seule conséquence à cette recommandation, je commençai à me méfier encore plus des éducateurs.

La peur de perdre de nouveau ma fille était constante et la vie en collectivité dans ce centre le week-end et le soir après les cours n'était pas de tout repos. C'était mon premier foyer, ma première expérience de vie en collectivité. Dans ce centre, il fallait mettre la table, faire la vaisselle, passer le balai, la serpillière. Toutes ces tâches étaient partagées par chacune d'entre nous, sur deux étages, réparties entre les mamans résidant dans ce foyer. Toutes ne les respectaient pas, ce qui créait des conflits. Il fallait aussi supporter les moqueries des éducateurs lors des repas, se tenir bien. Prêts à déceler dans nos yeux la moindre faille qui pourrait nous anéantir, les éducateurs ne nous lâchaient pas, ils écoutaient derrière les portes de nos appartements. Dans ce centre, les jeunes mères étaient considérées comme des « bonnes à rien », elles resteraient des jeunes filles ne connaissant rien à la vie, n'ayant aucune expérience de vie, peu importe leur âge.

Moi, pour ne pas perdre ma fille, je me forçais à accepter d'être « aidée » pour la gestion de mes comptes, « aidée » pour ma scolarité, « aidée » pour retrouver un lien avec ma fille. Des objectifs que les éducateurs m'imposaient, mais qui, pour moi, étaient déjà accomplis. J'avais du mal à garder mon calme face à tant de discriminations, de vols, de violences dans ce centre. Comment, d'ailleurs, pouvais-je rester calme quand certains éducateurs fouillaient mes sous-vêtements au motif d'y chercher de la drogue, ou me subtilisaient certaines affaires quand je n'étais pas chez moi ? En parlant avec les autres filles, je m'étais aperçue que je n'étais pas la seule à subir cela. Comment rester calme quand j'entendais la chef de service nous traiter de « merdes » ? Ou encore quand une éducatrice souffrant d'endométriose m'expliquait qu'il n'est pas normal d'être une maman de moins de vingt ans, que l'on ne méritait pas d'être mamans ? J'avais compris qu'il fallait faire des faux sourires pour ne pas perdre son enfant. C'est ce que je faisais. J'acceptais leurs reproches, leurs humiliations. Mais au fond, dans ma tête, je leur faisais bouffer leurs stylos et leurs claviers d'ordinateur. Je bouillais.

Durant cette période, je n'hésitai pas à conseiller certaines mamans de faire comme moi, afin de ne pas perdre leur enfant. Malgré la triste vie dans ce centre où nous étions traitées comme des esclaves et des bonnes à rien, ma vie était plutôt posée. Je me sentais aussi prête à refaire ma vie avec un homme et à me stabiliser sentimentalement.

Je décidai donc de retourner sur le site de rencontres qui m'avait permis, quelques mois plus tôt, de soulager mes hormones de grossesse. J'y retournai car j'avais envie d'aimer à nouveau quelqu'un et de me sentir aimée en retour.

Salut ! Alors comme ça, tu es mannequin ?

Beaucoup d'hommes m'envoyaient ce style de message en voyant ma photo. Le profil faisait apparaître un jeune homme brun, légèrement barbu, avec un beau sourire. Il posait sur une plage en guise de fond. Il s'appelait John. Il avait le même âge que moi et habitait aussi à Caen.

Je lus dans sa description qu'il n'était pas sur ce site pour une aventure d'un soir et que nous avions des goûts en commun. J'acceptai donc la discussion avec ce fameux John :

Oui, je suis modèle photo.

Ah c'est cool ça ! Dis, ça pourrait paraître un peu brutal de ma part de te demander ça, mais ton profil m'intéresse et j'aimerais faire connaissance avec toi. Je pars dans deux jours à Lyon retrouver ma famille. J'y serai durant les vacances d'été. Donc si tu acceptes qu'on se voie, je te propose demain à 13 heures, tu es d'accord ?

Euh... oui pourquoi pas ?
RDV devant le manège près de la rue de la Soif alors.

Super !

Ce mystérieux John avait rapidement pris les devants, ça me faisait peur. Je ne savais pas à quoi m'attendre mais ça ne coûtait rien de le rencontrer. C'est donc vêtue de ma combinaison kaki, après m'être fait des tresses qui tombaient sur ma poitrine, que je suis partie à ce rendez-vous. J'avais enfilé mon collier marin, mes petites bagues, je m'étais légèrement maquillée et j'avais confié ma fille à son papy qui faisait à nouveau des efforts et qui ne m'insultait plus.

John était au rendez-vous. Il avait de longs cheveux bruns bien coiffés, relevés en arrière. Il me plaisait physiquement mais il était plus petit que moi de deux centimètres environ. Moi qui ai toujours eu une préférence pour les hommes plus grands…

Nous sommes allés dans un petit bar et avons pris deux Monaco. Il était tendu. J'ai pourtant essayé de lancer des sujets de conversation mais en vain. Il devait être déçu de m'avoir rencontrée. Une sensation qui a fini par me mettre mal à l'aise, si bien que j'ai préféré couper court au rendez-vous. Nous nous sommes fait la bise et sommes repartis sur nos chemins respectifs. Ce rendez-vous m'avait un peu déçue mais m'avait tout de même permis de sortir, le temps d'une petite heure.

C'est dans la soirée qu'il a repris la conversation avec moi. Il était plus à l'aise par messages qu'en face à face. Il m'a expliqué qu'il était content de m'avoir rencontrée et qu'il aimerait apprendre à mieux me connaître. Malgré son manque de conversation, son calme, sa timidité, il avait ce côté rassurant que j'appréciais. J'avais besoin d'un homme qui me canalise. Et puis il m'attirait physiquement. J'ai toujours aimé les hommes mystérieux.

Un peu plus tard, je pris l'initiative de contacter le dernier mari de ma mère, l'homme que ma maman avait rencontré après mon père. Il était donc mon beau-père, celui qui était le plus proche de ma mère, celui qui connaissait la vérité familiale. Je n'avais jamais osé l'appeler. Cela faisait quatre ans je possédais son numéro de téléphone. Mais la peur de découvrir la vérité familiale m'effrayait : je ne savais pas à quoi m'attendre. Je me donnai cependant ce courage le jour des huit ans du décès de ma maman.

— Allô ?

— Vous êtes bien Grégory Mahut ?

— Oui c'est moi, qui êtes-vous ?

— Ça va vous paraître fou, mais je suis la fille de Fatima Krache… Je suis Fidji…

— Fidji ! Tu sais que je t'ai connue toute petite ? Ta mère t'aimait beaucoup, tu sais. Dis-moi ma belle, que t'arrive-t-il ? Et tutoie-moi s'il te plaît.

— J'aimerais avoir des informations sur maman.

— Tu aimerais savoir quoi ?

— Tout. Je veux tout savoir, son suicide, comment ça se passait avec mon père, pourquoi elle ne venait jamais nous voir aux visites médiatisées.

— Tout d'abord, sache que tu as deux autres frères et une petite sœur. Ce sont les trois derniers enfants de Fati. Sache aussi que ta mère ne pouvait pas venir tout le temps vous voir car elle vivait avec moi à Troyes. Elle était très malheureuse de ne pas vous voir, crois-moi. Je la voyais pleurer souvent pour vous. En ce qui concerne ton papa, de ce que j'ai pu savoir, ce n'était pas tout rose entre eux, tu sais. Ta mère avait un sacré caractère aussi.

— Et son suicide ?

— Tu es trop jeune pour que je te raconte. Avance et dis-toi que ta mère s'est battue pour vous.

— Écoute, j'ai bientôt dix-huit, je suis assez âgée et expérimentée pour connaître la vérité. Je refuse de croire les abominables paroles que mon père nous a infligées, à moi et mes frères, durant toute notre enfance ! Donc dis-moi !

— Tu es sûre Fidji ?

— Oui ! Dis !!

— Alors allonge-toi s'il te plaît, ce sera nécessaire.

— Je m'applique.

— Ta maman ne buvait jamais. Mais avec toutes ses difficultés et le fait de ne pas pouvoir vous voir, elle a commencé à boire dans mon dos, sans que je m'en rende compte. Ta maman était sous antidépresseurs. Un soir, avant d'aller se coucher, elle m'a expliqué qu'elle avait mal au ventre. Je lui ai demandé de s'allonger et de s'endormir pour soulager sa douleur. À mon réveil le lendemain, son visage était cyanosé. Elle avait fait une consommation excessive de médicaments et, comme elle avait bu, elle est morte dans son sommeil. Si tu savais à quel point je m'en suis voulu de ne rien avoir vu. Je faisais tout pour qu'elle aille mieux. Mais Fidji, quand une personne veut mourir, qu'elle n'a que cette obsession en tête, peu importe l'aide qu'on lui apporte, elle met à exécution son choix de partir. J'ai tout de suite appelé les pompiers qui m'ont dit de me défaire de toutes les affaires de ta mère, qui ne m'aideraient pas à faire mon deuil.

— …

— Je suis désolé Fidji.

Je venais de vivre le décès de ma maman pour la deuxième fois. Mais tout me paraissait plus clair. Et tout m'amenait à comprendre que ma mère avait changé. Mais mon enquête n'était pas terminée. Pendant plus de quatre heures, mon beau-père me raconta d'autres anecdotes sur ma maman :

— C'est fou Fidji…

— Quoi ?

— Quand je te parle, j'ai l'impression de parler à ta maman, comme si elle était toujours parmi nous.

— Ah bon ?

— Tu as son caractère et sur les photos, tu lui ressembles véritablement. Tu es une Krache, sans aucun doute.

Ses paroles me firent du bien. Il avait pris du temps pour entendre mon histoire. Il avait été stupéfait de la force mentale que je pouvais avoir, et très en colère contre mon père, pour ces années de maltraitance qu'il m'avait fait subir.

Je comprenais mieux toute cette histoire maintenant. Même si je ne savais pas tout, je savais au moins que mon père avait une dent contre ma mère, parce qu'elle l'avait quitté pour mon beau-père et qu'ils avaient tous deux des caractères très forts. Mais j'en voulais autant à mon père qu'à ma mère de m'avoir mise au monde ! J'avais subi leur divorce et leurs querelles de divorcés sans le demander. La justice m'avait conduite dans les bras d'une personne qui avait détruit ma vie, et j'essayais de me reconstruire par mes propres moyens.

Et si j'étais partie à Troyes avec ma mère ? Comment aurait été ma vie ? Je me posais des centaines de questions après cette soirée téléphonique remplie d'émotions en tout genre : larmes de colère, de joie, de tristesse, d'amertume. Mais je fus finalement soulagée d'un poids qui me rongeait les entrailles, et je sentis que petit à petit, je faisais le deuil de ma maman. Tristement, je comprenais que la justice m'avait coupée de ma vraie famille pendant dix-huit ans de mon existence.

Avec John, nous passions nos journées à nous parler par SMS et nos nuits à nous regarder en webcam. Je le trouvais beau. Il ne me lâchait pas du regard. Les semaines passaient, et je commençais à ressentir le poids de la distance. Lui à Lyon, moi à Caen. Que m'arrivait-il ? C'est un sentiment que je n'avais pas ressenti depuis que j'avais rencontré le père de ma fille. Étais-je en train de craquer pour lui ? Ça me faisait tellement peur que je n'osais pas lui en parler. Et s'il allait me faire souffrir comme Thomas l'avait fait avec moi ? Et s'il allait se jouer de moi ? Je préférais me préserver et attendre que ce soit lui qui fasse le premier pas. John avait subi le divorce de ses parents, ce qui l'avait enfermé dans la solitude et une addiction aux jeux vidéo.

Moi, je continuais ma vie et n'avais qu'une hâte, la prochaine audience au tribunal pour définir le temps qu'il me resterait à passer dans cette prison. Dans ce centre, les règles étaient, pour toutes les jeunes femmes, les mêmes. L'hiver, il fallait rentrer avant 18 heures, l'été, avant 19 heures. Dernière pause cigarette à 20 heures, autorisation de sortie pour les week-ends et vacances scolaires seulement sous accord du chef de service et du tribunal, après vérification que l'endroit où iraient dormir la maman et l'enfant soit correct, même si c'était chez nos propres parents. Un comble à mes yeux : mon père, qui avait vécu avec sa petite-fille, devait avoir l'accord du tribunal pour la voir ! Mon père n'hésita pas d'ailleurs, lors de la vérification de son logement par une éducatrice, à lui montrer les toilettes !

— Regardez ! Elles sont belles et propres mes toilettes ! Allez-y regarder, vraiment !

Mon père et moi avions ce point commun : avec

ironie, nous nous foutions de la gueule des professionnels.

J'avais pour ma part changé de logement. J'étais montée d'un étage, dans un F2 plus grand, avec une salle de bains plus petite, mais avec l'avantage de pouvoir recevoir John tous les week-ends sur un horaire défini. Toutes les mamans n'avaient pas droit à ce privilège puisqu'il fallait montrer aux éducateurs que la relation était stable et durable. C'était mon cas avec John.

Mais les provocations des éducateurs étaient de plus en plus insoutenables, et une nuit, je décidai de sortir dormir à l'hôtel avec John. Mais il fallait que je demande une feuille de sortie aux éducateurs, qui m'expliquèrent que je devais revenir avant le réveil de mon enfant. Comment pouvais-je savoir quand ma fille se réveillerait puisqu'elle ne faisait toujours pas ses nuits ? Rentrer à 2 heures, 4 heures du matin ? Où était l'intérêt de passer une nuit avec mon petit ami si, au bout de deux heures, je devais rentrer ?

Aujourd'hui, je dénonce ce système abusif des centres maternels envers les mamans jeunes. L'idée d'accueillir des mères désemparées et délaissées dans des structures adaptées pour des enfants est bonne, selon moi. Seulement, il faudrait revoir la sélection du personnel. Dans le centre où j'ai vécu, la haine des éducateurs envers les jeunes mères était quotidienne. Ils provoquaient, poussaient à bout les jeunes mères, les amenaient à avoir des comportements violents entre elles, ou envers elles-mêmes ou leurs enfants. Alors elles se droguaient pour calmer leur colère. Tous les éducateurs n'étaient pas comme ça, certains avaient vraiment choisi ce métier dans le but d'accompagner, mais ce n'était pas une majorité. En bref, si beaucoup de jeunes mères étaient arrivées plutôt stables psychologiquement dans ce centre, nombreuses en sont ressorties balafrées.

Certaines finirent par craquer et prirent leur valise pour décamper avec leur enfant, d'autres en vinrent à menacer de mort la chef de service. D'autres encore s'isolèrent afin de ne pas avoir affaire aux éducateurs. D'autres se sentaient comme à la maison, pensant qu'en obéissant en tous points à la chef de service, elles sortiraient plus tôt. En vain. Moi, j'ai toujours tenu à rester moi-même et à les éviter. Le soutien de John m'a aussi permis de garder la raison et la tête haute.

Car nous étions vraiment ensemble. C'est sous les lumières colorées et scintillantes du feu d'artifice du 14 juillet que nous nous étions pris dans les bras et qu'était né notre premier baiser. Mais John ne savait pas embrasser. Une chose supplémentaire que j'ai dû lui apprendre. C'était la première fois que je sortais avec un jeune homme sans expérience. J'avais toujours été avec des personnes ayant un lourd vécu.

Mais je voulais prendre le risque de le faire évoluer, de l'intégrer à ma vie sans pour autant changer ses valeurs. Avec John, je voulais prendre mon temps. Mais nous n'avions pas pu nous empêcher d'essayer de faire l'amour pour la première fois ce soir-là. L'amour, c'est se laisser porter, se laisser guider vers l'improbable, sinon, nous ne le vivons pas pleinement et nous finissons nourris de regrets. Nous vivions notre relation avec épanouissement durant ces vacances d'été. Je sentais John enfin à l'aise avec moi, nous nous aimions comme Adam et Ève, nous n'étions que deux sur terre.

17

Désillusions

En cette nouvelle rentrée scolaire, j'étais heureuse de reprendre les cours car je ne supportais plus les journées interminables dans ma prison dorée, à m'occuper seule de ma fille. John était rentré au lycée général et moi, j'avais repris mes cours là où je les avais laissés. J'étais malgré tout inquiète : les visites du géniteur de ma fille n'étaient pas régulières mais continuaient d'être soutenues par les éducateurs du centre maternel. Pour eux, peu importe le statut social de la personne, peu importe si l'homme est un violeur, un pédophile, un assassin ou un ancien prisonnier, il se doit de continuer à voir son enfant, au péril de la vie de celui-ci. Ma fille était malheureuse après chacune de ses visites. Elle ne le connaissait pas, elle ne savait pas que c'était son père puisque les visites étaient trop irrégulières, selon la pédopsychiatre qui la suivait. Laisser ma fille aux mains d'un homme dangereux était difficile à supporter. J'espérais au fond de moi qu'un jour, le tribunal se rendrait compte qu'il ne voulait pas de cette petite fille, mais qu'il voulait simplement me nuire. Ces visites duraient une heure toutes les deux semaines. Et durant ce peu de temps, Johanna écoutait les histoires qu'il lui lisait. Une histoire, deux histoires, trois histoires, et la visite était déjà terminée.

— Bon, à dans deux semaines Johanna !

Le comportement de Thomas envers sa fille n'avait rien d'une relation père-fille puisqu'il ne venait que pour lui chanter des chansons et lui lire des histoires. Johanna comprit rapidement que c'était un « animateur » et non son père. Il n'y avait aucune complicité entre eux. Thomas ne savait pas comment se comporter avec sa fille qui, en grandissant, gagnait en caractère et s'imposait dans ses choix. Voir que sa fille ne voulait pas jouer avec lui durant le temps de visite avait tendance à le mettre en colère. Sa frustration l'emmenait à venir de moins en moins la voir.

De mon côté, j'étais inquiète quant au devenir de ma relation avec John. Les liens avec sa famille paternelle, de haute classe sociale, n'étaient pas cordiaux. Elle ne pouvant tolérer que John sorte avec une jeune fille du bas de l'échelle. Cette situation créait des conflits. Je sentais John s'éloigner petit à petit de moi, sous l'influence du lycée et de son père. Par ailleurs, il me cachait des choses concernant les filles de sa classe. Au fil du temps, il devint colérique, violent verbalement. Il est vrai que je n'étais pas facile à vivre et que mon caractère et mes colères dues au centre maternel ne nous aidaient pas à nous épanouir comme il se doit. Pourtant, nous nous échappions de tous ces problèmes certains week-ends où il n'allait pas chez son père, où nous nous retrouvions, comme aux premiers jours, à faire l'amour avec passion et sauvagerie. Je retrouvais l'homme que j'aimais.

Mais John me coûtait cher ! Car même s'il était issu d'une famille riche, c'est moi qui finançais régulièrement nos sorties et nos nuits à l'hôtel. Je fus donc lasse de dépenser tout ce que je possédais pour le plaisir de mon petit ami, sans véritable retour. John ne comprenait pas cette situation. Ce qui nous éloigna de plus en plus malgré sa grande proximité avec Johanna. Il l'élevait comme sa propre fille et n'hésitait pas à m'aider quand il s'agissait de s'en occuper. Quand il fallait se lever la nuit pour lui donner le biberon, pour la changer. Johanna et John avaient une complicité père-fille. Les voir rire ensemble réchauffait mon cœur. Je comprenais à chacun de ces instants que c'était cela qu'il manquait à ma vie, l'amour d'une famille.

Mais John buvait et ne tenait pas l'alcool. Un soir, dans un bar, nous avions pris deux bières

— Je reviens je vais fumer une clope. Tu peux garder mon sac ? lui demandais-je.

Il accepta. À mon retour, je vis un troisième verre. John s'en était servi un autre, sans mon autorisation, à mes frais. Il commençait à être soûl. Sous les effets de l'alcool, il me confia qu'une de ses camarades de classe le draguait en cours et sur les réseaux. Mais il s'empressa de m'expliquer qu'il n'en avait rien à faire. Même si je me sentais rassurée, mon regard changea quelque peu. Ayant déjà été trompée par le passé, je ne voulais pas vivre cela une deuxième fois. Pas lui, pas l'homme avec qui je comptais faire ma vie.

— On va se promener jusqu'au château ? me demanda-t-il.

— Non, viens, on va danser, j'ai envie de m'amuser ! lui répondis-je.

— Allez s'il te plaît, on va se poser sous les étoiles au château.

— On fera ça une prochaine fois, promis. Là, j'ai vraiment envie d'aller en boîte.

— Bon d'accord.

J'aimais aller danser et oublier mon quotidien souvent difficile. John accepta pour me faire plaisir. La discothèque n'était qu'à six cents mètres du bar mais en route, on s'arrêta tous les vingt mètres car John avait envie d'uriner. J'étais surprise de voir qu'un homme de si petit gabarit pouvait uriner aussi longtemps et aussi souvent. *Les hommes et l'alcool*, me disais-je. À notre arrivée devant la boîte, John avait toujours envie d'uriner. Il parlait fort dans la file d'attente, se tenait à moi, essayait même de se rapprocher physiquement de moi, n'hésitant pas à parler de notre vie sexuelle en public. Les jeunes à côté de nous en rigolaient mais je lui demandai de se tenir.

Une fois à l'intérieur, nous nous sommes assis au carré VIP. John était face à moi lorsqu'il m'annonça son envie de vomir. Je me levai pour l'accompagner aux toilettes mais c'était trop tard, il me repoussa et se mit à vomir à côté de son fauteuil. Je n'ai jamais supporté les vomissements, ni ceux de ma fille, ni même les miens. Il eut à peine de temps de reprendre ses esprits qu'il recommença. C'en était trop, je ne pouvais pas supporter de voir cela encore une fois. Par chance, deux de mes amies étaient présentes ce soir-là. Je me levai donc, enjambai ce qu'il avait vomi au sol et me dirigeai vers mes amies, quand je l'entendis derrière moi :

— Fidji attends !

Mais en me retournant, je le vis vomir une troisième fois. J'avais honte. Je courus donc vers le vestiaire récupérer mes affaires et je partis. Je pensais que John tenait l'alcool. Mais il avait voulu faire « l'homme » en montrant qu'il savait boire. En plus, il m'avait caché sa « relation » avec cette camarade de lycée.

Alors pour que la soirée ne tourne pas au cauchemar, j'avais préféré partir en l'abandonnant lâchement dans la boîte. J'en étais consciente. Je me disais que c'était la dernière fois que je voyais John. Mais je devais me protéger car je voyais qu'il commençait à me détruire à petit feu.

Malgré cela, mon amour pour lui était toujours plus fort que ma raison. Alors que je rentrais à pied, il m'appela et je répondis à contrecœur. À l'autre bout du fil, il était en larmes :

— Fidji tu es où ? Ne m'abandonne pas ! Je suis vraiment désolée. Je t'aime vraiment. Je n'ai pas envie de te perdre.

— Qu'est-ce qui t'a pris de boire autant ?

— Je voulais que la soirée se passe bien, je suis vraiment désolé, reviens.

— Non John, je vais rentrer chez moi, demande un taxi pour rentrer.

— Je suis sur la route, je ne vois presque rien. Je ne sais pas ce que je fais. Je sens que je vais tomber. Je suis vraiment mal, Fidji. Il faut que tu viennes m'aider. Pitié, pitié…

— Bon, dirige-toi vers le théâtre. J'arrive. Et ne marche pas sur la route !

John était en danger et à tout moment, le pire pouvait lui arriver. Je refusais d'avoir la mort de la personne que j'aimais sur la conscience. Mon côté trop gentil prit le dessus, comme à mon habitude. Je devais l'aider, au risque de non-assistance à personne en danger. Je courus en direction du centre maternel avec mes escarpins et ma robe moulante, je courus à en perdre le souffle pour récupérer ma voiture. À peine allais-je démarrer que je reçus un deuxième appel de John.

— T'es qu'une salope ! Comment tu as pu m'abandonner ? Je t'aimais, putain. T'as tout niqué. Va crever Fidji ! VA CREVER !! T'es qu'une pute. C'est fini, je ne veux plus jamais te voir !

John hurlait au téléphone. Il venait de comprendre que je l'avais lâchement abandonné dans la boîte. Une partie de moi me disait de le laisser après les propos qu'il venait de tenir, mais l'autre partie de moi me disait que dans son état, il n'était pas apte à rentrer seul et que je devais aller le récupérer et le déposer chez lui. Et qu'après l'avoir déposé, je ne voudrais plus entendre parler de lui. Je passai outre les mots violents qu'il me disait au téléphone et lui demandai où il se trouvait. John se calma et répondit à ma question, me faisant prendre un sens interdit. Malheureusement pour moi, une patrouille de police qui avait remarqué mon erreur enclencha son gyrophare et me demanda de me garer sur le premier emplacement.

— Bonsoir, vous avez bu madame ?

— Euh… non.

— On va quand même vous faire souffler.

L'éthylotest ne mit pas longtemps à afficher un contrôle positif. Je savais que j'avais bu, c'est pour cela que j'étais sortie à pied. Mais je me sentis désemparée : j'allais perdre mon permis de conduire, risquer une forte amende, bref, des ennuis qui allaient provoquer le placement de ma fille. Ma vie tout entière allait être détruite… parce que j'avais voulu sauver John. Je présentai donc mes excuses pour le sens interdit que je n'avais pas respecté et détournai le sujet en expliquant que mon ami était en danger et que, dans la hâte, j'avais fait cette inacceptable entorse au code de la route. Mes talents de comédienne, acquis grâce à cinq ans de cours de théâtre, me permirent d'exagérer la situation face aux policiers. L'un d'entre eux me tendit même son téléphone afin que je contacte John. Je lui expliquai la situation et lui demandai de me rejoindre.

En le voyant tituber alors qu'il avançait vers nous, l'un des policiers le fit entrer dans ma voiture pendant que l'autre acceptait de nous laisser partir. Je n'étais pas passée très loin de la correctionnelle. Heureusement que j'étais tombée sur deux fonctionnaires compréhensifs mais surtout très humains. Avant que je parte, ils m'avaient même demandé de bien faire attention.

John n'avait pas tout à fait compris ce qui venait de se passer et ce qui aurait pu arriver si les deux policiers avaient été moins indulgents. Il cuvait et marmonnait.

Il me reprochait encore de l'avoir abandonné. Toujours sous l'effet de l'alcool, il continuait de m'insulter et de me rabaisser. Je n'en pouvais plus. Ma vie avait été faite d'insultes, je ne les supportais plus.

En arrivant devant chez lui, je lui demandai de descendre de ma voiture. Il se mit à insulter ma mère. Je ne pouvais pas laisser passer cela et lui donnai une légère tape derrière la tête. Je vis alors son regard noir se planter dans mes yeux, un regard de rage. John m'envoya deux coups de poing, l'un à l'épaule, l'autre à l'oreille, et sortit de ma voiture en claquant la portière. John venait de me frapper. Mon oreille sifflait. Je n'entendais plus rien et, en relevant ma bretelle, j'aperçus un bleu sur mon épaule.

Je rentrai épuisée de cette soirée, ne sachant plus quoi penser ni quoi faire. J'étais perdue. Cette soirée avait chamboulé notre relation mais je continuais naïvement de croire que John allait changer. Avais-je peur de partir ? Ou avais-je simplement peur de devoir me retrouver confrontée à moi-même ?

Les mois passèrent. Un jour, tout se passait bien entre lui et moi, le lendemain, nous nous disputions pour des broutilles. John m'humiliait constamment. Je me sentais régresser, enchaînant les coupures sur mes bras. Il commençait à faire de même sur lui. Il imitait mon mal-être afin de me faire comprendre, selon lui, le mal que je faisais aux autres. Il me détruisait, savait où piquer afin de me faire tomber. Mon entourage me demanda alors de le quitter et de mettre fin à cette vie de couple néfaste pour moi.

Nos sorties n'étaient plus les mêmes, nous n'avions plus la même complicité, hormis sexuellement. Notre premier Noël ensemble fut catastrophique. Notre relation était vouée à l'échec. Mais nous voulions encore y croire. Enfin… je voulais encore y croire, en cette vie de famille. Mais d'un autre côté, je pensais aussi de plus en plus que s'il restait, c'était parce que je faisais tout, payais tout. Car que demander de mieux quand la femme cuisine, fait le ménage, vous fait des préliminaires buccaux à la demande, vous sert de taxi, vous paie les restaurants et les hôtels ainsi que les vêtements ? Que demander de mieux, pour un homme, qu'une deuxième maman à la maison ? Tous les hommes ne sont pas dans cette optique-là, mais John, si. Nous étions deux opposés et je me rendis compte que tout ce que j'avais bâti de mes propres mains, John allait me le prendre.

18

Trois mois pour s'affirmer

Je devais m'affirmer, mais c'était difficile. D'autant que ma scolarité en pâtissait et que tout allait être remis en jeu. Sans diplôme, je risquais de ne pas avoir d'avenir professionnel, et donc de ne plus pouvoir subvenir aux besoins de ma fille comme il le fallait.

Heureusement, la directrice du lycée me prit sous son aile et se démena pour trouver des solutions afin que je reste dans l'établissement malgré la colère des professeurs à mon encontre. Les examens approchaient, il fallait que je les passe. La directrice avait vu ma détresse, ma dépression suite aux difficultés que je rencontrais au centre maternel, face aux conflits continuels avec mon géniteur, face à mes disputes avec John. Je devais me relever sans que personne ne vienne encombrer mon chemin. Pendant plus de trois mois, la directrice me mit en isolement dans la pièce de travail de la psychologue. Un lieu fermé, isolé de tous les autres élèves, afin que je puisse me concentrer sur les examens à venir. Elle me programma aussi des semaines de stage dans un institut médico-éducatif (IME) près de Caen. Mais je refusai d'y aller par peur de me retrouver face au handicap des jeunes résidents, mais aussi n'y voyant aucune utilité. J'avais l'impression que je perdais du temps sur mes révisions. Elle m'expliqua que je n'avais pas le choix et que cela m'aiderait à me stabiliser psychologiquement. Je finis par accepter.

La directrice ne changea pas seulement mon quotidien scolaire, elle changea ma vie personnelle grâce à ses conseils et à son expérience de femme battante.

Durant ces trois mois d'isolement, tout commença à basculer dans ma vie. J'eus moins de temps à accorder à John, ce qui nous permit de nous apaiser chacun de notre côté. J'écoutai la directrice qui me conseilla de prendre du recul face aux critiques de mon géniteur. Je ne me confiais plus à lui afin de ne plus avoir de disputes inutiles. Je n'avais de toute façon, pas son soutien, avec ou sans communication.

Grégory me soutint aussi durant cette période compliquée. Il avait ce don de réussir à me calmer, que ce soit dans mes phases de larme ou de colère. Il savait me raisonner, comme un père est censé le faire avec son enfant. Si seulement mon père avait pu être comme lui ! Mais ce n'était pas le cas. Grégory me donnait l'éducation qu'un enfant doit avoir en société, sans que mon géniteur soit dérangé de voir que sa fille préférait son beau-père à son propre père, sans, encore une fois, qu'il se remette en question.

Durant ces trois mois, j'appris à me stabiliser psychologiquement et compris que ma vie n'était pas si grave qu'il y paraissait. Au cours de mes deux mois de stage dans l'IME, je compris que le handicap n'a pas à faire peur. Des jeunes entre neuf et treize ans m'y acceptèrent dès les premiers jours, me regardant comme une bonne personne, sans le moindre jugement. Ils m'acceptaient telle que j'étais. Quant au personnel, j'étais devenue à leurs yeux une collègue et non une stagiaire. Je compris que des gens pouvaient m'aimer pour ce que j'étais et non pour ce que je devais être à leurs yeux. Ce stage me fit relativiser et me permit de continuer à me battre pour un avenir meilleur.

Mais tout ne fut pas forcément beau durant ces trois mois loin des élèves du lycée, loin de mon petit ami, mais surtout de ma famille ; ces trois mois dans cette « cellule », comme je la surnommais, furent infernaux. Je ne pouvais en sortir que pour aller aux toilettes ou fumer ma cigarette durant la pause du midi. Mon programme dans cette pièce se résumait à réviser mes cours et m'avancer sur mes projets la matinée et de l'après-midi avant d'y faire une sieste pour terminer la journée de cours par un film que je choisissais sur l'ordinateur.

La directrice m'avait pourtant dit que si j'avais besoin d'aide, les professeurs me soutiendraient. Malheureusement, seule la professeure de mathématiques m'expliqua ses cours. Certains professeurs ne me donnaient qu'un résumé sur une feuille, me laissant seule pour comprendre la leçon. Quant à la professeure de biologie, qui ne me portait pas dans son cœur, elle me tendait les feuilles de cours en me précisant que j'avais à disposition Internet pour comprendre. Elle sortait de la pièce aussi vite qu'elle était arrivée. Je ne compris pas ce comportement. Elle était professeur, son métier était d'enseigner. Pourquoi se faire professeur si Internet pouvait enseigner à sa place ? Son métier n'existerait plus si les élèves faisaient ce qu'elle disait. Cependant, elle faisait quand même le nécessaire afin que j'aie mes cours de biologie. Il m'arrivait parfois de n'avoir aucun cours, certains professeurs ne venant pas me voir. *Le comble !* me disais-je.

Heureusement, j'étais assez autonome pour pouvoir demander les cours à une camarade de classe qui, au fil du temps, devint ma meilleure amie. Dans cette pièce, les journées étaient parfois très longues, parfois courtes, mais cet isolement me permit de me concentrer sur moi-même. Je n'avais hâte que d'une chose : réussir mon examen dans ce lycée et obtenir mon concours pour entrer dans la voie sociale, l'année suivante, à l'université. Plusieurs mois auparavant, j'avais passé un concours qui pourrait m'ouvrir les portes de ce que j'avais toujours souhaité devenir : technicien d'intervention sociale et familiale. Je me donnais tous les moyens pour réussir cet examen en plus de ceux du lycée.

Quelle fierté d'avoir réussi le concours écrit avec la meilleure note de la section, face à des candidates de tout âge, de départements, de régions différentes ! Je croyais fermement en mes capacités de réussite. Ma montée d'énergie positive entre l'IME, ma fille, la directrice et le concours m'avait poussée à aller plus loin dans mes retranchements, à aller au-devant de ma réussite. De plus, malgré le choix des éducateurs du centre maternel qui souhaitaient que je reste six mois de plus dans leur établissement, la juge accepta que je quitte les lieux au bout de trois mois, remarquant mon changement positif.

Quelle joie immense de voir les éducateurs se ronger les ongles de ma réussite, eux qui me disaient sans cesse que je n'y arriverais pas ! Je me devais de leur montrer qui j'étais ! Que j'étais une battante, comme ma mère.

19

Rechute

J'étais désormais apaisée. Je ne me préoccupais plus des rencontres entre ma fille et son géniteur car je savais que, tôt ou tard, il ne l'assumerait plus. Je me sentais apaisée car un centre d'aide au logement allait me fournir un toit, comme convenu, suite à ma demande datant déjà de deux ans.

Entre-temps j'avais reçu ma convocation pour le concours oral d'entrée à l'université que je souhaitais intégrer. Ne sachant que réviser pour cet examen, je me renseignai sur Internet. Je compris rapidement que je devais monter un dossier de candidature professionnelle. Ce que je fis. J'étais prête à passer mon concours !

Les jours se rapprochaient de la date butoir, les éducateurs avaient remarqué mon calendrier dans mon logement avec ma date de départ et les jours qu'il me restait à vivre dans ce centre. Ils n'avaient plus aucun pouvoir sur moi puisqu'il me restait peu de semaines à passer dans leur prison. Je sentais la roue tourner, je baissai la garde.

C'est lors d'une fin de journée, en rentrant de l'IME, que j'eus un rendez-vous avec mon éducateur référent. Celui-ci m'annonça avec un grand sourire que l'établissement qui devait me servir de logement ne recevait quasiment jamais de mères du centre maternel. Que depuis cinq ans qu'il travaillait au centre, seulement six mères avaient été satisfaites. J'eus immédiatement peur de me retrouver à la rue en cas de refus. L'éducateur m'expliqua que je pouvais trouver un logement par le biais d'un particulier. Je me décidai donc à contacter l'établissement gestionnaire des HLM de Caen.

— Allô ?

— Bonjour ! Fidji Gibert à l'appareil. J'ai fait une demande de logement chez vous il y a bientôt trois ans. Dans trois semaines, je quitte le centre maternel avec mon enfant d'un an et demi, nous risquons de nous retrouver à la rue. J'aimerais que vous m'aidiez.

— Ah mais madame, vous n'êtes pas prioritaire !

— Mais je vous dis que je suis une jeune mère seule et que je risque de me retrouver à la rue avec un bébé ! Je suis prioritaire ! C'est la santé et la sécurité d'un enfant qui est en jeu !

— Et je vous dis que vous n'êtes pas prioritaire ! Vous n'êtes pas seule à avoir besoin en urgence d'un logement, donc vous attendrez comme tout le monde ! Merci, au revoir.

Des larmes de colère roulaient sur mes joues. Je savais que j'étais prioritaire. Je savais surtout que les services sociaux fournissaient des logements aux réfugiés qui arrivaient dans notre pays. Alors pourquoi pas à moi ? Il y avait urgence pour moi aussi.

Mon angoisse de me retrouver dehors avec ma fille était insoutenable et il était hors de question que je retourne vivre chez mon père malgré sa proposition de m'héberger à nouveau. Je lui expliquai alors que si je devais me retrouver sans logement, Johanna irait vivre chez lui, et moi dehors. Je préférais savoir ma fille au chaud chez son papy qu'à la rue, dans l'insécurité la plus totale. Pour ma part, j'étais prête à accepter l'idée de vivre dehors provisoirement, même si, au fond, je tremblais de peur.

Mes projets s'effondraient. Je séchai mes larmes et me concentrai pour trouver des solutions. Sur le site du « Bon coin », je pris plusieurs rendez-vous pour visiter des logements adaptés à mon budget. Le premier était beaucoup trop petit et trop loin de tous mes repères pour que je puisse y vivre convenablement avec mon enfant. J'eus un coup de cœur en visitant le deuxième appartement, proche de mes repères, proche des commerces et des écoles. Il était suffisant pour que je m'imagine y vivre un petit temps : une chambre pour ma fille, une belle salle de bains et un salon qui pourrait devenir ma chambre. Il était plutôt petit mais je n'allais pas faire de caprice car le temps était compté. C'était cet appartement-là, et rien d'autre. Je me démenai pour obtenir ce logement qu'avaient déjà demandé d'autres personnes. Mais l'agence qui le louait me considéra comme prioritaire vu ma situation. Je pourrais obtenir ce logement en échange de travaux : faire la peinture, poser du papier peint dans la chambre ; en échange d'un mois de loyer offert. Je n'hésitai pas. J'acceptai l'offre et signai le bail.

J'avais réussi à trouver un logement pour mon enfant, mais rien n'était terminé. En ce mois d'avril, je devais préparer mon oral pour l'université, m'occuper de Johanna qui dormait chez mon père en attendant la fin de mes travaux. Et je devais continuer d'aller en cours et à l'IME. J'étais fière d'avoir ce courage d'effectuer plusieurs tâches à la fois. Mon travail allait porter ses fruits, j'en étais convaincue, même si je voyais moins mon enfant. Elle savait que sa maman faisait le nécessaire pour elle en attendant notre appartement.

Je me forçai à terminer les travaux le plus rapidement possible en peignant les murs le matin avant de partir en cours, et le soir, après avoir déposé Johanna chez son papy. Ma soif de stabilité et de réussite me poussait à camper sur mes objectifs et à ne rien abandonner.

John, de son côté, ne cherchait pas à m'aider, bien au contraire. Je n'avais plus beaucoup de temps à lui accorder. Notre relation touchait à sa fin. Je réussissais tout sans lui et je me rendais compte que j'étais capable de vivre sans lui.

C'est après une énième rupture provisoire que je le revis, à la fin de mes travaux. Il passa me voir dans mon nouvel appartement fraîchement repeint. Nous discutâmes de nous, de ce que nous étions devenus. Je sentais dans son regard qu'il était attristé que notre couple soit tombé si bas, je sentais dans ses yeux qu'il avait envie de faire des efforts. Nous nous retrouvions ce soir-là comme avant. Je retrouvais l'homme que j'aimais, celui qui n'était pas violent, ni insolent, qui était doux, à l'écoute, honnête. Nous fîmes l'amour à même le sol dans le salon avant de nous endormir l'un contre l'autre. Portait-il ce soir-là le masque du parfait petit ami afin que je continue de subvenir à ses besoins ? Ou était-il sincère dans ses caresses et ses paroles ? J'espérais que son changement perdurerait, que cette fois-ci, il ne se servirait pas de moi.

Les semaines continuèrent de passer. Mon objectif de passer le brevet d'études professionnel dans le secteur de l'accompagnement, du soin et du service à la personne allait se concrétiser. Mon appartement était enfin prêt pour accueillir ma fille, ainsi que John. Mon rêve d'accéder à une école pour devenir technicienne d'intervention sociale et familiale se rapprochait.

Le jour J, alors que j'attendais mon tour avec impatience devant la porte de l'examen oral, il y avait, à côté de moi, les autres candidats ayant réussi l'écrit. Je vis qu'ils avaient tous un dossier et une lettre qui ne m'était pas familière. Inquiète, je demandai à la candidate à côté de moi ce qu'elle avait dans les mains :

— Tu n'as pas eu la lettre de convocation avec tous les détails de la constitution de ton dossier ?

J'étais en panique : je n'avais pas reçu la convocation par courrier. Mon examen serait voué à l'échec. Mais je me devais de me présenter du mieux que je pouvais avec mon dossier rédigé sur ordinateur. Quand mon tour arriva, je m'assis devant le jury. L'entretien dura une vingtaine de minutes et, évidemment, je ne fus pas retenue pour cette école.

Mon monde s'effondrait. Mon lycée ne comptait pas me reprendre et je ne comptais pas y recommencer une année de terminale. J'étais donc à nouveau sans solution. Sous le poids de la pression, de la colère, de la fatigue accumulée, je me décomposais. Une fois encore, mon père ne me soutiendrait pas face à cette énième épreuve de la vie.

Comme j'allais chercher mes dernières lettres au centre maternel, je m'approchai d'un pas ferme de la chef de service :

— Avez-vous reçu ma convocation pour l'examen oral ?

— Vous parlez de cette lettre-là ? me dit-elle en me la montrant avec un sourire en coin.

— Pourquoi vous ne me l'avez pas donnée !?

— Vous n'étiez pas là à ce moment précis.

— Ça existe, les boîtes à lettres, putain !

— Vous me parlez autrement Fidji !

Voir que la lettre était arrivée au centre maternel trois semaines plus tôt me mit hors de moi. Pendant trois semaines, le centre maternel avait détenu ma convocation à l'examen et personne ne me l'avait donnée, histoire que j'échoue. Ils avaient volontairement détruit mon rêve, tous mes projets d'avenir, afin que je tombe, que je m'écroule, pour que ma fille soit placée. Et ils avaient réussi à me mettre en dépression. Mais pas à placer ma fille. Car face à elle, je restais toujours forte, même si durant son absence, je me décomposais de plus en plus. Au moment où je quittai ce centre de détention, nous n'étions que quatre mamans sur seize à en être sorties avec nos enfants. Les autres furent placés, indignement pour la plupart. Je n'avais certes plus d'avenir, mais ma fille était saine et sauve. Ma fille était sauve et au fond de moi, j'étais morte.

Je décidai de ne plus aller à l'IME après avoir effectué tous mes examens au lycée. J'abandonnai des enfants qui m'appréciaient du jour au lendemain, sans les prévenir. Je fus lâche mais je n'avais plus la force de faire quoi que ce soit. Mes journées se résumaient à déposer mon enfant à la crèche et à rentrer m'isoler derrière les volets de mon appartement fermé à double tour. Et toute la journée, j'étais enfouie dans mon lit, à dormir, à pleurer, à fumer. Les jours passaient et rien ne changeait. Je ne sortais plus, hormis pour déposer Johanna et aller la chercher. Je ne donnais plus aucun signe de vie à personne. Est-ce que quelqu'un s'inquiéterait pour moi ?

Je me rendis compte les semaines suivantes que je ne manquais à personne, pas même à John. Pourquoi devrais-je vivre encore ? Subir de telles souffrances ? Je n'avais plus aucun avenir à offrir à ma fille, nous courrions vers notre perte. Qu'allais-je devenir ? Je suppliais le Seigneur de me sortir de ce pétrin quand John apparu dans mon logement. Il avait toujours ce don de passer à l'improviste. Peut-être s'inquiétait-il de mon silence radio et de ma dépression ?

Il était debout, me regardant, les yeux noircis par le mascara que mouillaient mes larmes. J'étais nue dans mon bain. Il savait que mon échec m'avait plongée dans la dépression, mais à le voir aussi inquiet, je compris qu'il ne pensait pas que j'en arriverais là, aussi bas. Je voyais dans ses yeux qu'il ne savait pas quoi faire, quoi me dire, comment réagir. Et étonnamment, ma folie me ramena au temps de ma nymphomanie. J'attrapai John, l'embrassai avec passion. Il était étonné du retournement de situation qui n'avait pas l'air de lui déplaire. Je l'embrassais pendant qu'il tentait de se dénuder et de me rejoindre dans la baignoire. Nous fîmes l'amour comme auparavant : il me dominait. J'avais besoin de ressentir mes cheveux tirés, mes fesses rougies par les claques qu'il me donnait, sa semence sur ma poitrine. J'avais besoin d'être punie, mais plus pour le plaisir, simplement pour ressentir : « Tu vois Fidji, t'as tout merdé, tu mérites d'être punie. »

Et bizarrement, mon rapport avec John, ses attentions quotidiennes, ses visites pendant toutes ses pauses du midi, me réconfortait, Son soutien, m'amena à vouloir me relever. John me fit sortir de ma dépression au fil des jours, jusqu'au moment où il m'apprit qu'il allait quitter Caen pour retourner vivre à Lyon. Il ne nous restait plus beaucoup de temps pour profiter l'un de l'autre avant son départ. Mais encore une fois et alors que je commençais à retrouver la lumière du jour, il m'avoua qu'il se rapprochait d'une autre fille. Et il s'en vantait devant moi, sans même prendre la peine de s'excuser.

De colère, je lui donnai une claque. John posa sa main sur sa joue. Je vis dans ses yeux un regard noir, un regard de haine qui me paralysa. Il me lança un poing au visage, puis m'arracha mon tee-shirt, mon soutien-gorge. Un deuxième coup de poing, des claques, et le voilà qui me tirait les cheveux. J'eus toutes les peines du monde à réussir à me sortir de ses griffes, en le repoussant pour qu'il parte. J'avais le visage en sang. J'étais une fois de plus victime d'une violence inouïe.

J'eus le réflexe de courir me réfugier chez mon père. Je n'avais d'autre repère que lui pour me sentir soutenue, même s'il n'était pas le meilleur soutien sur cette terre. Mais je ne voulais plus être battue par des hommes. Je ne voulais plus subir de coups. Aucun sérum ne pourra effacer les traces que John, Thomas et mon père m'ont laissées.

Quand il me vit arriver, mon père comprit vite et m'amena au commissariat. On attendit une heure pour déposer plainte contre John. Mais l'officier ne pouvait prendre ma plainte sans constat médical. J'étais devant lui, le visage en sang, les vêtements déchirés, blessée, mais ce n'était pas une preuve pour lui. Il fallait que je passe un examen médical aux urgences pour obtenir un simple certificat. N'en ayant pas le temps puisque je devais aller chercher Johanna à la crèche, je décidai d'abandonner ma plainte.

Je n'en revenais pas. Comment John avait-il pu être aussi violent avec moi ? Pire encore, sitôt que j'étais sortie du commissariat, il m'avait envoyé un message pour s'excuser, pour me dire qu'il passerait en discuter le lendemain. Je refusai cette offre, je n'étais plus capable d'affronter son regard, de subir ses manipulations.

Le lendemain en sentant qu'il allait quand même venir à mon domicile, j'avais demandé à Grégoire, un ami de longue date, d'être là, pour me protéger, au cas où. Mais il n'est pas venu. Nous avions projeté de nous fiancer le jour de notre premier baiser. Ce rêve ne s'est jamais réalisé. J'étais attristée de cette rupture, au seul motif qu'il ne m'aimait plus, que je n'y croyais plus. Mais lui continuait de me pourrir d'insultes par SMS. Tout l'amour que j'avais donné à cet homme s'écroulait, j'étais de nouveau détruite par un homme, fragilisée par mon échec scolaire.

Nous étions un 1er juillet. J'aurais dû éprouver la joie de voir le soleil me caresser le visage, apprécier d'entendre le chant des oiseaux, sortir prendre un verre avec des copines, mais non. Je fondis en larmes dès mon réveil, regrettant mon amour perdu pour John. Mon lit était vide. Il manquait quelqu'un auprès de moi, quelqu'un en qui espérer et pour qui croire fermement en la vie. Mes regrets me bouffaient de l'intérieur. Plus rien ne serait comme avant.

Je hurlai ma souffrance à m'en briser les cordes vocales. Sous l'effet de cette crise, je ne voyais qu'un moyen pour me soulager définitivement. Je courus donc vers la cuisine, fouillai dans mon vase, les mains tremblantes ; elle était toujours là. Je ne l'avais pas abandonnée. Je l'avais mise de côté, mon arme blanche, mon moyen de torture le plus efficace, celle qui m'avait toujours permis de gérer mes crises d'angoisse depuis Sidonie. Je la pris dans ma main. Elle n'était pas rouillée, elle était toujours aussi fine, aussi tranchante. Elle me fascinait autant qu'elle me faisait peur. *C'est le grand jour*, me dis-je. *Cette fois-ci, Fidji, ne te loupe pas.* J'étais debout dans la cuisine, à regarder ma lame pendant plusieurs secondes. Mon cœur battait contre ma raison, il se fatiguait, se fatiguait de battre encore et encore. Ma raison me disait non mais me disait aussi que je n'avais plus le choix.

Je tendis donc le bras, la veine du pli de mon coude ressortait.

Elle me tentait.

Elle m'effrayait.

J'étais indécise, en panique.

Je fermai les yeux.

J'agis pour mourir.

Le sang gicla dans la cuisine.

Le sang ne cessait de couler de mon bras. J'étais en train de me vider. Je m'écroulai au sol. Je ne pouvais plus faire un seul mouvement. Le sang chaud sortait de mon bras, mes larmes continuent de couler. Silencieusement, pour la première fois de ma vie, je chuchotai : « Aidez-moi », même si au fond de moi, je me savais coupable de tout ce carnage dans ma vie.

Je n'aurais jamais dû naître.

Je n'aurais jamais dû vivre dans cette famille,

Je n'aurais jamais dû subir tant de harcèlement, tant de violence des hommes.

Je voulais simplement être heureuse, comme la plupart des filles de mon âge.

Je ne me voyais pas finir ma vie dans cet état.

Mais mon passé avait eu raison de moi et mes ennemis avaient gagné la bataille.

Je n'étais plus capable.

Je n'étais plus.

20

Renaissance

— Fidji réveille-toi putain !

Ma tête était lourde. Mon bras, gonflé. Après de longues minutes et après être passée au-delà, je finis par ouvrir les yeux. Tout était blanc autour de moi. Les murs, le lit, ce vêtement sur moi. J'étais à l'hôpital.

Ma première réaction en revenant à moi fut de me demander ce que je faisais là et ce qui m'était arrivé. En voulant me relever dans le lit sur lequel j'étais allongée, je compris vite que ma volonté d'en finir avec la vie n'avait pas été exaucée. J'étais toujours de ce monde. Diminuée, groggy, anéantie. Qui donc était venu me récupérer ? Pourquoi être venu me sauver ?

Debout devant moi, attendant que je sorte de mon sommeil comateux, se tenait Éric, un ami de longue date. Je le sentis à la fois attristé et en colère lorsqu'il me vit me relever.

— Qu'est-ce que je fous là ?

— T'as encore voulu te suicider Fidji. Tu fais chier… merde.

Et il se mit à pleurer. Des pleurs de colère, de désespérance.

— Tu ne te rends pas compte que si je n'étais pas passé à l'improviste chez toi, tu serais morte ? Tu ne te rends pas compte du mal que tu me fais, que tu nous fais ? Et ta fille ? Tu y as pensé ? Il faut que tu arrêtes tes conneries Fidji. Tu fais du mal à tes proches.

— Johanna ? Elle est où, ma fille ?!

— Ne t'en fais pas, je l'ai confiée à ta meilleure amie, elle va bien.

— Je sors quand de ce trou à rats ?

— Seul le médecin en décidera et je le comprends. Tu as quand même fait un arrêt cardiaque avec tout le sang que tu as perdu. J'ai d'ailleurs dû nettoyer ta cuisine tant elle était couverte de sang, sur le sol, sur les placards, sur les murs. Fidji, promets-moi de ne pas recommencer, vraiment.

— Promis.

Je comprenais surtout qu'il fallait que je me remette au plus vite sous peine de perdre mon enfant.

Quand je sortis de l'hôpital deux jours plus tard et que je récupérai Johanna, je sus que je ne voudrais plus mourir, que je devais me battre pour ma fille. Je devais continuer à vivre et à montrer à mes ennemis, dont mon père, que je pouvais m'en sortir, que j'étais forte, déterminée. J'étais plus que convaincue et j'allais remédier à tout ça.

Le début des vacances d'été ne s'était pas passé comme prévu mais je comptais fermement changer et prouver au monde entier qui j'étais. Balafrée à la naissance, meurtrie durant vingt années. C'en était terminé de cette vie. Une nouvelle Fidji venait de naître et je comptais bien m'affirmer dans cette société. Je passai mes vacances d'été à profiter de ma fille, à faire des sorties, à voyager en Bretagne, à réaménager mon appartement afin de ne plus trouver de souvenirs de John dans mon logement. Je décidai aussi de me lancer dans le sport, pratiquant quatre heures de fitness et de musculation par jour. Quel exutoire ! J'ajoutai les arts martiaux mixtes à mes loisirs sportifs afin de m'endurcir physiquement.

J'étais enfin heureuse.

Mon passé était derrière moi. John aussi, même s'il continuait à me dénigrer et à rigoler derrière mon dos de ma tentative de suicide. Je comptais lui montrer ce qu'il avait perdu. Mon corps changeait. Je perdais peu à peu mon embonpoint et me musclais. Je commençais à être séduite par mes propres formes, par ce corps qui muait, par cet esprit qui changeait, par mes pensées plus positives. Mais mon cœur ne ressentait que de la haine pour les hommes. Il s'endurcit au fil des semaines et j'ajoutai une carapace à celle que j'avais déjà.

J'étais enfin prête pour faire face au monde et je me répétais sans cesse devant la glace : « Fidji, tu ne te laisseras plus faire maintenant. Plus personne ne te détruira désormais. » Je me sentais forte et soulagée de ne plus ressentir le vide et la déprime, et je ne m'empêchais plus d'envisager l'idée de refaire ma vie. Je fréquentai un garçon que je considérais plus comme ami qu'amant. Ancien rugbyman, il m'aidait dans mes entraînements d'arts martiaux mixtes. Mais rien de plus. J'étais devenue plus sélective, plus méfiante. J'étais aussi devenu moralement intouchable. Et même les menaces ne me faisaient rien. Plus personne ne pouvait me toucher, me faire couler.

Quant à mon père qui avait fait un énième arrêt cardiaque, la mort venait petit à petit le chercher pour l'emmener là où il devait aller : en enfer. Je n'avais aucune raison de lui rendre visite à l'hôpital après tout le mal qu'il m'avait causé. Cette situation, toutefois, me fit culpabiliser et je n'hésitai pas à me confier à Grégory. Il avait toujours de bons conseils à me donner. Seul lui savait me dire quoi faire face à des situations délicates. Il m'expliqua, même si lui non plus ne le portait pas dans son cœur pour d'autres raisons que les miennes, que je devais aller le voir à l'hôpital. Parce que c'était mon père et que je n'en avais qu'un. Mais aussi et surtout pour lui dire tout ce que j'avais sur le cœur. Car s'il devait mourir demain, je n'aurais pas pu lui dire tout ce que je pensais de lui.

C'était un bon argument. J'allai donc le voir à l'hôpital. En entrant dans sa chambre, je vis mes frères autour de lui. Il était allongé, affaibli et relié à de nombreuses machines. J'avais déjà eu affaire à ce genre de situation. Voir mon père à l'hôpital ne me choquait plus. Il ne pouvait s'en prendre qu'à lui-même. Il savait qu'il avait une santé fragile et qu'il devait avoir une hygiène de vie irréprochable. Dans le froid glacial de la chambre, il se mit à nous parler :

— On est une petite famille Fidji, il faut qu'on soit soudés, putain.

Mais mes frères étaient là. Je ne pouvais pas lui confier ce que j'avais sur le cœur. Il me fallut revenir deux jours plus tard pour enfin lui dire le fond de ma pensée. Il n'était plus dans la même chambre. On l'avait transféré dans un autre service. La pièce était sombre. Une infirmière très agréable m'accompagna jusqu'à son lit.

— Monsieur Gibert, je vous amène une surprise !

— C'est qui ?

— Votre fille monsieur !

— Ah...

Sa réaction ne m'étonna pas. Je pris sur moi.

Il était un peu plus affaibli qu'à ma première visite. Mais son regard était toujours aussi froid. Il y eut un silence interminable dans la pièce dont seuls les *bip-bip* de la machine perturbaient l'ambiance. Mon père et moi ne savions pas trop quoi dire. C'est finalement lui qui entama la conversation :

— Fidji, il faut que tu arrêtes tes bêtises. Tu vois bien que ça me tue, cette situation. Il faut qu'on soit une famille unie, que tu arrives à t'entendre avec tes frères

Mon père se mit soudain à pleurer. C'était si rare ! Si rare que je n'avais pas le souvenir de l'avoir vu dans un tel état. Je faisais mine de compatir, sans toutefois oublier qui était face à moi. Il m'avait eue plusieurs fois, il ne m'aurait pas une fois de plus. Mais je n'eus pas le courage de lui déverser mon fiel. Je ne voulais pas m'attaquer à une bête blessée. Je voulais qu'il soit en pleine possession de ses moyens pour entendre ce que j'avais à lui cracher au visage.

Je vins lui rendre visite deux ou trois autres fois à l'hôpital, lui apportant parfois des fleurs. J'étais encore une fois trop gentille avec lui, qui ne s'était jamais déplacé quand j'avais tenté de me suicider. Mon père sortit deux semaines plus tard. Et il put revoir ma fille. Je l'avais prévenu qu'il devait dorénavant me respecter car sinon, c'en serait terminé, il ne nous reverrait plus. Je me sentais forte. Je me sentais Krache. Je savais qui était ma vraie famille. Dorénavant, mon père n'était plus ma famille, il n'était qu'un simple géniteur. Grégory était ma famille, mon beau-père, mon père de cœur, il n'y avait que lui dans mon cœur. Mon géniteur n'existait plus et il n'avait jamais existé.

C'est après avoir lui laissé une dernière chance que je coupai définitivement les ponts avec lui, son début de maladie d'Alzheimer ne facilitant pas les choses. Je contactai donc Grégory afin d'avoir ses conseils pour me sentir mieux.

— Oui Fidji, dis-moi.

— Eh bien comme d'habitude, mon père a été odieux envers moi. Cette fois-ci, je ne compte plus pardonner. Mais tu sais, j'ai grandi avec lui. Et même si c'est la source de tous mes problèmes, j'ai peur de me sentir seule sans lui.

— Fidji, tu te sentais déjà seule. Tu lui as tout dit à l'hôpital. Il ne veut pas changer, ne culpabilise pas. Malheureusement, ton papa ne changera jamais. Donc maintenant, avance. Je sais que ce n'est pas simple de n'avoir ni père ni mère, mais Fidji, tu as toujours su t'en sortir, tu t'en sortiras encore une fois, j'en suis persuadé. Et puis moi, je suis là pour toi s'il le faut. Tu le sais. Tu n'as qu'à venir à Noël, on le fêtera ensemble, en famille, Shanna sera contente de te voir et de voir sa nièce.

— Tu as raison, merci d'être là Grégory.

— C'est normal ma belle ! Prends soin de toi !

Nous avons continué notre conversation téléphonique avec mon beau-père, ce qui nous a amenés, comme à notre habitude, à discuter de ma maman, à parler d'anecdotes qu'elle avait vécues. Grégory savait que ça me faisait du bien de parler de ma maman, d'entendre et de voir à quel point je lui ressemblais, à quel point je comprenais que j'étais tombé dans la mauvaise famille et que ma vraie famille m'attendait. Mais avant que je raccroche, il me lâcha une bombe, la vérité qu'il me manquait pour retracer l'histoire entre mon père et ma mère.

— Ta mère et moi avions fait un crédit pour venir à Caen un week-end, pour vous voir. Elle avait obtenu une visite et était impatiente. Je ne supportais plus de la voir pleurer parce qu'elle ne vous voyait pas. Fidji, tu n'avais que trois ans. Ton père vous avait dit, à toi et tes frères, que ta mère était décédée, qu'elle vous avait battus, etc. Et puis le jour de la visite, vous étiez face à nous, cachés derrière ses jambes. Vous sembliez totalement apeurés à l'idée de la voir. Cette peur était due aux mensonges de votre père qui vous répétait sans cesse qu'elle ne voulait plus de vous. Elle était à côté de moi, elle n'en revenait pas. Et après cette visite, elle n'eut plus la force ni l'argent pour faire le déplacement jusqu'à Caen et, une fois de plus, ne pas avoir le droit de profiter de vous. Ton père avait tout planifié. Il avait profité de votre innocence pour vous persuader que votre mère était une mauvaise mère. Votre absence la détruisait, elle était très malheureuse sans vous, sans toi, Fidji. Mais ce n'est pas ta faute ma belle, tu n'avais que trois ans.

La vérité venait d'éclater.

Mon père était la cause du suicide de ma mère.

Il m'avait privée de ma mère toute mon enfance pour nourrir ses rancœurs sentimentales.

Je le détestais.

J'avais vingt ans.

Il m'avait fallu vingt ans pour connaître la vérité familiale.

Les mois s'étaient écoulés depuis cette année riche en émotions. J'étais enfin apaisée. Seule ambition pour moi, réussir mon bac professionnel « Accompagnement soin et service à la personne », que j'avais décidé de suivre par correspondance. Ainsi, je pouvais m'occuper de ma fille mais surtout trouver un emploi pour valider mes semaines de stage nécessaire à l'obtention de mon diplôme. Je me lançai dans un milieu qui m'effrayait : auxiliaire de vie sociale.

Johanna venait d'avoir deux ans. Elle continuait de voir son père lors de visites autorisées en lieu neutre. En effet, Thomas était protégé par le centre maternel qui le faisait passer pour le père idéal face à la juge des enfants. Comme je n'étais plus au centre maternel, les éducateurs étaient relayés par le centre de médiation du Lotus. Ce lieu était celui où je rencontrais ma mère lorsque j'étais enfant. Le Lotus venait de me convoquer à un entretien pour ainsi organiser les visites entre ma fille et son géniteur. Ça ne me faisait pas plaisir, mais je n'avais pas le choix. Ça ne me faisait d'autant pas plaisir que Thomas venait de se marier et que la femme qui partageait sa vie était enceinte. Si bien que depuis quelques semaines, il ne venait plus voir sa fille.

J'arrivai donc au Lotus. J'hésitais à retourner sur les traces de mon passé, sur les traces de ma mère. Je finis par sonner. Au bout de quelques secondes, une femme m'ouvrit la porte :

— Madame Gibert ?

— Excusez-moi ?

— Vous êtes la fille de madame Fatima Krache ?

— Euh… oui.

— Ah mais c'est bien vous qu'on attendait ! Vous savez que je vous ai connue toute petite ? Vous veniez avec votre papa et vos frères rendre visite à votre maman. Elle vous aimait beaucoup vous savez ! C'était moi qui organisais vos visites, je suis la chef de service de ce centre.

J'étais abasourdie. Je rencontrais une personne de mon passé qui pouvait m'aider à en savoir encore un peu plus sur ma maman. Mais là n'était pas la priorité. Je devais organiser les visites entre ma fille et son père. On s'assit donc dans une pièce fermée après avoir visité ces locaux qui, soudain, me rafraîchissaient la mémoire sur mon passé. Des dizaines de souvenirs refaisaient surface. La chef de service me regardait avec le sourire. Elle avait l'air heureuse de me découvrir en tant que femme et non en tant qu'enfant. Elle me demanda quelle était l'histoire familiale de ma fille afin de mieux comprendre la situation, en me glissant d'un air rassurant :

— Ne vous inquiétez pas, nous vous défendrons.

Je passai une bonne heure à lui raconter mon histoire avec le père de ma fille, la souffrance qu'il avait pu nous causer et son désintéressement patent envers Johanna. Je la sentis empathique face à mes propos. Elle comprit vite que, après ma mère, mon calvaire s'était poursuivi. Le Lotus ne pouvait pas aller à l'encontre de la justice. C'était le choix de ma mère de ne plus venir aux visites, faute de moyens financiers et d'espoir. On ne pouvait pas en vouloir au centre d'avoir fait son travail. La chef de service m'expliqua qu'elle tiendrait compte mon histoire mais qu'elle voulait rencontrer le père de ma fille pour programmer les visites.

Je sortis donc soulagée de ce rendez-vous et quelques jours plus tard, je reçus une lettre du Lotus me précisant que la programmation des visites entre ma fille et son père était interrompue parce que ce dernier ne répondait pas aux appels ni aux courriers et qu'il ne venait pas aux rendez-vous convenus. Désormais, s'il voulait voir Johanna, il devrait saisir la juge aux affaires familiales.

Quelle embellie, mais surtout quel soulagement ! L'avenir s'éclaircissait peu à peu. Ma situation financière était correcte, mes cours à distance me plaisaient et ma fille se portait très bien à la crèche. Pourtant, un soir en revenant à mon appartement, je vis de la terre et des crachats dans ma boîte aux lettres. Johanna, qui aimait me devancer et courir jusqu'à la porte, s'arrêta net devant des traces d'urine sur le tapis de sol et les cracha sur ma poignée. Il y avait également sur ma porte un beau dessin de sexe masculin gravé à l'aide d'une clé. Mon premier réflexe fut de prendre en photo la boîte aux lettres, la porte et le balcon sur lequel des selles de chien avaient été jetées. Je savais d'où cela pouvait provenir : le père de Johanna n'arrêtait pas de m'envoyer des SMS insultants depuis qu'il avait été avisé de la décision du Lotus.

On alla donc au commissariat déposer une plainte contre cet individu. Ce n'était pas la première fois ! Je commençais à avoir l'habitude d'y aller. Quelques semaines plus tard, je dus d'ailleurs y retourner pour récupérer ma convocation pour l'audience. Mais je fus sidérée par la réaction de la femme qui en, me tendant la feuille, me balança :

— Il serait peut-être temps de laisser le papa voir votre fille, il ne l'a jamais vue. Il serait temps de le laisser avoir des droits, madame !

Quel ne fut pas mon étonnement ! Mais je savais bien comment ces propos lui avaient été suggérés, le père de ma fille ayant toujours eu le don de prétexter une maladie pour faire naître l'empathie des autres. Moi, je ne cherchai pas à répondre. J'attendais d'être confrontée aux juges, je savais qui j'étais, quel chemin j'avais parcouru.

En attendant ce jour, je poursuivis ma vie avec ma fille, je travaillai deux mois comme aide à domicile et je trouvais ce métier de plus en plus passionnant. Seule ombre au tableau, je dépensais des sommes délirantes en essence pour mes déplacements et mes interventions. Dans cette activité enrichissante, je m'occupais d'hommes et de femmes. Certains avaient bon cœur, d'autres étaient de mauvaise foi, d'autres, peu aimables. Je côtoyais toutes les classes sociales, du plus pauvre au plus riche, du plus dépendant au plus autonome. Je voyais des larmes, de la souffrance, des âmes perdues, des blessures de guerre, des victimes du cancer. Cette première expérience dans l'aide à domicile m'apprit à être un bras droit, une confidente. Je nouai aussi des liens d'amitié.

Malheureusement, je constatai aussi les dégâts causés par la maltraitance, et devais les transmettre à ma direction pour qu'elle fasse en sorte que cela ne se reproduise pas. J'étais auxiliaire mais je m'aperçus vite qu'on abusait de ma gentillesse, de ma jeunesse, de mon inexpérience. Et l'association pour laquelle je travaillais connut des difficultés financières. Je compris pourquoi on me demandait tant, sans vraiment de retour. Le salaire arrivait un peu plus tard chaque mois et je découvris peu à peu ma patronne sous un nouvel angle, une femme qui ne voyait ce métier que pour l'argent, sans attacher d'importance au contact humain. Je quittai donc ce travail que j'adorais, qui me permit de valider une bonne partie de mes stages en vue de mon bac : je ne pouvais pas continuer à donner autant sans être payée correctement.

J'avais donc repris ma vie de mère et de femme indépendante quand le grand jour de l'audience est arrivé. Le père de ma fille était là, seul, sans avocat. Vêtu du même manteau noir qu'il portait trois ans auparavant, avec la même allure d'homme conquérant. Mais en réalité, il n'était rien de tout cela avec ses chaussures de randonnée et ses mains dans les poches. Dans la salle, il s'assit sur le banc derrière moi, le regard fixe, sentant la haine à des kilomètres. Il devait répondre des dégradations qu'il avait commises sur le lieu de mon habitation.

Accompagnée du procureur de la République, la juge lui demanda de se présenter à la barre et d'expliquer son point de vue. Et le voilà parti, nous servant l'histoire de la mauvaise femme, de la mauvaise mère. Mais rapidement, il se fit taper sur les doigts par le procureur qui avait noté son immaturité patente, ajoutant même qu'il le condamnait, en guise de réparation, à me verser 500 euros de dommages et intérêts pour ma porte, ainsi qu'à une peine d'une semaine de travail d'intérêt général. Durant cette audience, le public, mon avocate et moi avons été choqués par les propos qu'il a tenus sur le Lotus, des propos insultants et inacceptables qui lui ont valu 3 000 euros d'amende. Je ne le montrai pas, mais j'étais heureuse d'avoir remporté cette affaire. Il me fallait désormais attendre la décision du juge pour enfants, d'autant que le père de Johanna ne me versait aucune pension alimentaire.

En attendant, je passai mon premier Noël seule avec ma fille. J'étais certes heureuse, mais nous manquions de repères. Je ne cherchais plus l'amour. Je ne voulais plus être déçue en amour. Je venais de prendre un nouvel emploi dans le domaine de l'aide à domicile, toujours dans la même fonction, toujours pour valider mes stages. Ce travail me passionnait mais il m'épuisait et ruinait ma santé. À seulement vingt ans, je me retrouvais avec de l'arthrose aux épaules et aux genoux, et un lumbago. Entre chaque intervention, je me trimbalais avec ma ceinture dorsale et mes bandes de kinésithérapie. Je faisais des horaires à trois chiffres par mois pour un salaire de sept cents euros. Ce n'était pas rentable, mais je n'avais pas le choix. C'est à ce prix que j'allais obtenir mon diplôme. Il me fallait souffrir pour m'en sortir. Mais après tout, ce n'était qu'une petite souffrance par rapport à celles que j'avais endurées par le passé. Plus rien ne me faisait mal, plus rien ne m'atteignait.

La roue de ma vie était en train de tourner et, pour une fois, dans le bon sens. Mon travail d'aide à domicile terminé, j'avais obtenu mon baccalauréat et j'entrai en première année de BTS par correspondance. Quant à ma « carrière » de mannequin photo, elle commençait vraiment grâce à plusieurs clichés, des portraits, qui avaient attiré l'attention de quelques photographes de renom.

Et puis un jour, mon avocate m'a annoncé une bonne nouvelle que je me suis empressée de confier à mon beau-père…

Épilogue

— Allô Grégory ?

— Oui ma belle, raconte-moi.

— Je vais sûrement avoir l'autorité parentale exclusive de Johanna !

— C'est merveilleux ! Félicitations ma belle, ta mère serait fière de toi !

— Je l'espère. Pour obtenir ma garde totale, mon père a poussé maman au suicide ; moi, je me suis acharnée pour le bonheur de ma fille. Aujourd'hui, justice va être enfin faite ! J'ai indirectement vengé maman.

— C'est tout à fait ça ma belle. Tu peux être fière de toi, du chemin que tu as parcouru. Nous t'embrassons, tes petits frères, ta sœur et moi. On t'aime.

Mes coups de téléphone avec mon beau-père ont toujours été riches en émotions. Il est désormais la famille que j'ai découverte tardivement, celle qu'on m'avait toujours cachée.

J'ai vingt ans.

Je suis en vie. J'ai réussi, malgré mon parcours semé d'embûches, un parcours fait de harcèlement scolaire, de violence, de viol, de discrimination, de maltraitance sous toutes ses formes.

Je suis en vie mais certaines ou certains n'ont pas eu cette chance. Souvent je pense à Evaëlle qui, pour échapper à ses harceleurs, a préféré mourir. C'était en juin dernier dans le Val-d'Oise. Elle n'avait que onze ans. Avant elle, comme le rapportait l'article du *Parisien* du 2 juillet 2019, article que j'ai eu toutes les peines du monde à lire tant j'ai versé de larmes en le parcourant, il y a eu Thybaut, douze ans ou Marion, treize ans… « La liste pourrait être bien plus longue : on meurt encore d'être un élève isolé et moqué, en 2019. Comme s'il n'existait pas de solutions quand l'engrenage est en place, broyant sa victime à tout moment du jour et de la nuit, en classe mais aussi à la maison et dans la rue, *via* les réseaux sociaux », explique la journaliste.

Selon l'Unicef, c'est un enfant sur trois qui est victime de harcèlement scolaire, de moqueries ou d'attaques blessantes. D'après les chiffres de l'Éducation nationale, c'est environ un enfant sur dix qui serait victime de violences d'autres élèves lors de sa scolarité. Selon d'autres chiffres qui font froid dans le dos, 700 000 jeunes seraient concernés. Alors le ministère de l'Éducation nationale lance régulièrement des « mesures » pour enrayer ce problème. Moi, je n'en vois pas les effets. Les enseignants ne sont pas préparés, dans mon cas, ils n'ont pour la plupart rien vu, n'ont alerté personne.

Il serait donc temps de se pencher sur ce problème. C'est la société tout entière qui doit apprendre à repérer, appréhender et sanctionner le harcèlement scolaire. Pour cela, il faut que les enseignants, mais aussi tout le personnel qui travaille dans le domaine scolaire, que ce soit les chauffeurs de bus, les personnels de cantine ou d'encadrement, les animateurs périscolaires… soient attentifs au moindre indice tous les jours. Il faut que les parents soient à l'écoute de leurs enfants, fassent comme je le fais maintenant, c'est-à-dire qu'ils demandent au quotidien à leur enfant si tout s'est bien passé à l'école. Il faut regarder si le comportement de son enfant ne change pas, s'il ne parle plus, s'il devient violent… Cela cache souvent des choses. Le harcèlement scolaire ce n'est pas uniquement une « histoire de cour de récré ».

Toujours selon l'Unicef, un adolescent harcelé sur quatre déclare avoir pensé au suicide. Alors pour éviter cela, il faut agir. Se donner les moyens d'agir. S'il faut que j'aille tous les jours dans toutes les écoles de France pour témoigner et crier qu'il faut que cela cesse, je le ferai. Dans une circulaire de l'Unicef consacrée à ce phénomène, l'agence de l'Organisation des Nations unies rappelle que la lutte contre le harcèlement scolaire concerne tout le monde : les jeunes (victimes, harceleurs ou témoins), les parents et la communauté éducative.

« Face à ce phénomène, il faut agir ensemble et rapidement afin d'éviter une escalade de la violence. En effet, pour certains jeunes, les conséquences du harcèlement à l'école sont très graves et peuvent laisser des séquelles à vie. Lorsqu'un enfant est victime ou témoin de harcèlement, que ce soit dans le cadre scolaire ou non (sur Facebook, par exemple), il faut prévenir un adulte au plus vite, parents ou membres de la communauté éducative. Un élève témoin d'actes violents à l'école peut également intervenir tout de suite si ce n'est pas dangereux et s'il ne risque pas d'être victime de violence à son tour. L'essentiel est de ne pas laisser tout seul un enfant victime de harcèlement : aller vers lui, le soutenir et le rassurer est une manière de lutter contre l'isolement des victimes, mais aussi contre toute forme de violence en milieu scolaire. D'après la Convention internationale des droits de l'enfant, tous les enfants du monde sont égaux et doivent être protégés contre la violence, la maltraitance et la discrimination (articles 2 et 3). Tout enfant doit pouvoir bénéficier de la même instruction et pouvoir aller à l'école dans un environnement favorable à son apprentissage (article 28). »

Ces violences verbales, physiques ou psychologiques, je les ai subies. J'en suis heureusement sortie, mais à quel prix ? Ces violences qui, chez tous les enfants, engendrent le décrochage scolaire voire déscolarisation, la désocialisation, l'anxiété, la dépression, les maladies, les conduites autodestructrices, voire suicidaires. Souvent, je regarde mes avant-bras, je contemple les quelque cinq cents cicatrices sur mon corps. Je suis en vie. Je suis sortie vivante, mais pas sans séquelles de ce que j'ai vécu durant toutes ces années. Je regarde ma grosse cicatrice sur mon avant-bras, je me répète sans cesse que la vie ne tient qu'à un fil mais que cette vie est si belle qu'il faut vivre et se battre pour vivre mieux un peu plus chaque jour.

En entrant dans mon salon, je regarde la photo de ma maman que j'ai fait agrandir et qui est affichée sur un de mes murs. Un sourire illumine mon visage.

— Tu vois maman, j'y suis arrivée, j'en suis sortie.

Ma fille apparaît, elle saute dans mes bras et dépose un énorme bisou sur ma joue. Elle me dit « je t'aime ». C'est le bonheur. Johanna est heureuse et épanouie. Je me suis battue pour qu'elle ait tout ce qu'elle mérite. C'est ma plus belle fierté. Comme César, je suis venu, j'ai vu, et j'ai vaincu. La route est encore longue mais mes ennemis ne m'atteindront plus, et après avoir trop souffert, après que plusieurs de mes rêves se sont brisés à cause de cette société qui n'a pas été souple avec moi, j'ai aujourd'hui cette fierté de dire haut et fort que je suis capable de m'en sortir. J'ai surtout pu me prouver et prouver à tous ceux qui ont voulu me nuire que j'ai su m'en sortir et qu'aujourd'hui, je suis comblée, heureuse, avec ma fille, dans mes projets, dans ma carrière de mannequin qui prend une belle tournure.

Il reste que je suis toujours aussi furieuse face à cette société qui ne m'a pas aidée à sortir du harcèlement scolaire, qui n'a pas vu que mon père était une personne odieuse. Cette société, je ne lui pardonne pas ses erreurs judiciaires qui la rendent complice du suicide de ma mère. Elle m'a privée pendant des mois de la présence de ma fille, n'a pas su me protéger contre cette violence impunie. Je suis descendue plus bas que terre. J'ai quitté cette terre un instant devant tant d'injustice.

Mais j'ai su me relever. J'ai puisé ma force dans mon caractère ambitieux et dans les yeux de ma fille. Aujourd'hui, le jour se lève. Il ne fait plus nuit. Il ne fait plus froid. Mais je n'oublie pas. Je n'oublie pas ce qu'on m'a fait subir à l'école, ce que j'ai enduré que je rentrais chez moi. Je n'oublie pas les coups que mon père m'a portés. Ils m'ont blessée. Ils n'ont fait que me blesser.

J'ai eu de la chance. Plus que d'autres. Car en France, un enfant est tué par ses parents tous les cinq jours. Oui, vous avez bien lu. C'est un rapport de l'Inspection générale des affaires sociales (Igas) remis en avril 2019 au gouvernement qui précise que 363 enfants sont morts sous les coups de leurs parents entre 2012 et 2016. Là aussi, il faut prendre des mesures car 72 morts d'enfants en moyenne chaque année, ce n'est pas acceptable.

Alors si j'ai écrit ce livre, c'est pour expliquer que la jeune fille que vous voyez de temps en temps sur des photos, ce n'est pas celle que vous croyez. Ce livre, je l'ai écrit pour tous ceux qui souffrent de violences conjugales, familiales, ou qui subissent du harcèlement à l'école ou au travail, ou toute autre discrimination. À tous ceux qui vivent avec cette solitude profonde, entourez-vous de vos proches. Parlez-en, ne restez pas seuls quand vous sentez que vous n'arrivez plus à rien contrôler. Faites-vous aider et, surtout, croyez-en vous.

Ce livre est également pour ces jeunes mères, ces femmes battues et violées, pour ces femmes maltraitées par leur famille ou leur mari.

Enfin, ce livre, je l'ai surtout écrit pour ma maman. Elle ne méritait pas la vie qu'elle a vécue mais elle restera à jamais dans le cœur de ses cinq enfants.

Ce livre est mon histoire, une histoire vraie.

Remerciements

À madame Blanc-Lagercrantz,
pour m'avoir motivée
à la rédaction de ce livre.

Achevé d'imprimer en octobre 2021
sur les presses de la Nouvelle Imprimerie Laballery
58500 Clamecy
Numéro d'impression : 109913

Imprimé en France

La Nouvelle Imprimerie Laballery est titulaire de la marque Imprim'Vert®